REISEFÜHRER PRAG

EINE UNVERGESSLICHE REISE

Erkunden Sie alle Traumorte und Sehenswürdigkeiten und erleben Sie kulinarisches Essen, Action, Spaß, Entspannung, uvm. - Der praxisnahe Reiseguide

"Travel World"

Hinter dem Travel World Team verbergen sich 4 reisebegeisterte Personen, die die Welt für sich entdeckt haben. Mit jahrelanger Erfahrung in verschiedenen Bereichen des Tourismus sind sie die perfekte Symbiose, wenn es ums Reisen und Entdecken fremder Länder geht.

Michael Seeger ist ehemaliger Leiter eines Reisebüros und hat in diesem Rahmen nicht nur jahrelang andere Kunden zu ihren Traumurlauben beraten, sondern hat auch selbst viele Länder erkundet.

Annika Weiss hat zwar keine berufliche Laufbahn im Reisegewerbe vorzuweisen, macht aber seit vielen Jahren die Welt als Travelbloggerin „unsicher". Sie reist von einem Abenteuer ins nächste und lässt ihre Follower an ihren Entdeckungen und „Eroberungen" teilhaben.

Ben Williams ist ein Weltentdecker, der seinesgleichen sucht. Er hat nicht nur zwei Weltreisen hinter sich, sondern konnte fast jedes Land der Erde auf seiner Reiseliste abhaken. Er weiß, was jedes einzelne Land ausmacht und zu bieten hat, ob historisch oder kulinarisch, aber auch er entdeckt immer noch neue faszinierende Orte.

Einer fehlt noch in der Runde, um das Quartett der Travel World zu perfektionieren.

Hinter der vierten Person verbirgt sich Hoteltesterin Emily Sanchez, die bereits zahlreiche Hotels unter die Lupe genommen und bewertet hat. Sie kennt in den verschiedensten Ländern die Hotels, die einen Aufenthalt wert sind, aber auch die man besser meiden sollte. Darüber hinaus erkundet auch sie die Länder und organisiert für Reiseveranstalter und Hotels auf Anfrage spezielle Tourismusführungen im Ausland.

Alle vier zusammen sind stets auf der Suche nach den besten Reisetipps, Reisezielen und Sehenswürdigkeiten. Sie möchten ihre Entdeckungen mit allen Menschen teilen und die Welt für jeden etwas anschaulicher machen und näherbringen. Sie zeigen Orte auf, die man unbedingt besuchen sollte und öffnen den Blick für ferne Länder und andere Kulturen auf dem ganzen Erdball.

Originale Zweitauflage 2020

Herausgeber: Malik & Mähleke GmbH
Independently published | ISBN: 9798683351236

Möchten Sie mehr über uns und unsere weiteren Bestseller-Reiseführer erfahren? Dann besuchen Sie uns gerne auf unserer Autorenseite unter **„Travel World“** bei Amazon.

„Wir freuen uns auf Ihren Besuch“

INHALT

Prag in a nutshell – warum sich ein Besuch immer lohnt

In Prag gibt es ein paar Ausdrücke, die jeder vor einem Besuch können sollte. Zum einen wäre da „Ahoy!“, was sowohl „Hallo“ als auch „Tschüss“ bedeutet. Neben dieser Begrüßung ist vor allem der Satz „Jedno pivo, prosím!“ wichtig, was so viel bedeutet wie „Ein Bier, bitte!“. Wenn man einen wichtigen Teil der Prager Kultur kennenlernen möchte, kommt man an dem flüssigen Gold gar nicht vorbei. 160 Liter Bier trinkt der Durchschnitts-Tscheche pro Jahr und Touristen aus aller Welt ziehen fleißig mit und kommen aufgrund der unfassbar niedrigen Preise hierher.

Im Prager Untergrund gibt es bis heute Brauereien, welche teilweise auf das Mittelalter zurückzuführen sind und besichtigt werden können. Aber Prag ist sehr viel mehr als nur Bier. Die Stadt erzählt Geschichte und strahlt eine grundlegende Anmut wie aus einem Märchen aus. Gelegen rund um die Moldau, wird sie auf über 30 Kilometern von dem Fluss durchzogen und bietet wunderschöne Brücken, um den Fluss zu überqueren. Die bekannteste und längste ist dabei die Karlsbrücke, welche als beliebtestes Reiseziel der Stadt gilt. Neben der Moldau wird Prag von Hügeln geschmückt, welche einen wunderschönen Ausblick über die Stadt bieten. So thront die berühmte Prager Burg auf einem dieser Hügel und wirkt, als würde sie über die Stadt wachen.

Da ist sicherlich auch ein Funken Wahrheit daran, bedenkt man, was diese Fassaden schon alles erlebt haben. Früher war Prag Teil des Römischen Reiches, bald darauf Wohnsitz böhmischer Könige und bis heute kommen Künstler und Touristen aus allen Ecken der Erde, um sich von der goldenen Stadt inspirieren zu lassen. Viele Sehenswürdigkeiten und sogar ganze Teile der Stadt, wie das historische Zentrum, zählen zum UNESCO-Welterbe. Wenn auch die Dächer, entgegen der Erzählungen, nicht aus Gold sind, so bietet diese Stadt wunderschöne Bauten, welche teilweise auf gotische und barocke Bauweisen zurückzuführen sind.

Ein weiterer Grund für die Beliebtheit Prags ist die böhmische Küche. Herzhafte und deftige Soßen und Suppen, Fleisch in allen Sorten und Serviettenknödel wandern auf die Teller und sorgen für köstliche Gerüche auf den Straßen der Wohnviertel. Restaurants gibt es neben Kneipen und Bars wirklich an jeder Ecke der Stadt und eines ist besser als das nächste. Doch auch für Gerichte fernab der böhmischen Küche hat sich in den vergangenen Jahrzehnten eine echte Szene entwickelt. Allein von diesem Aspekt aus betrachtet, ist die Stadt ein echtes Highlight für Foodies und Naschkatzen.

Und als wenn das noch nicht ausreichen würde, um sich zu einer Stadt hingezogen zu fühlen, bietet Prag neben Geschichte, guter Kochkunst und atemberaubenden Landschaften eine aufregende Partyszene, welche von Bars und Kneipen bis zu Clubs auf 5 Etagen reicht. Wer möchte, kann sich hier die Nächte für kleines Geld um die Ohren schlagen und je nach Planung einigen der besten DJs der Welt beim Auflegen lauschen. Also egal, worauf Sie bei einer Stadt Wert legen, Prag hat es mit an Sicherheit grenzender Wahrscheinlichkeit. In den folgenden Kapiteln lernen Sie die aufregendsten Bereiche der Stadt kennen. Sie erfahren, welche Adressen man ansteuern muss, um wie ein König zu schlemmen und wie man das Beste aus seinem Aufenthalt herausholt.

Sehenswertes in der goldenen Stadt – einmal entlang der Moldau

Welche Sehenswürdigkeiten lohnen sich und warum? In Prag könnte man von morgens bis abends nur Sightseeing machen und wer entsprechend lange in der Stadt ist, kann sich die Zeit dafür auf jeden Fall nehmen, aber wer nur für ein paar Tage zu Besuch kommt, findet hier eine Übersicht der Attraktionen, die definitiv auf jeder To-do-Liste stehen sollten.

PRAGER BURG

Beginnen wir mit dem beeindruckendsten Part Prags: der Prager Burg. Sie steht aus mehreren Gründen auf dieser Liste. Abgesehen von ihrer Beliebtheit bei Besuchern aus aller Welt zählt sie zu den historisch beeindruckendsten Bauten der Weltgeschichte. Sie ist in jeder Jahreszeit wunderschön und umfasst ein riesiges Areal von knapp 70.000 m^2, welches diverse Kirchen, Gärten, Museen und einen Konzertsaal beinhaltet. Ein Besuch reicht also kaum aus, um sich alles in Ruhe anzusehen. Je nachdem, wie geschichtsinteressiert man ist, kann es sich lohnen, eine Führung zu buchen, um möglichst viel über die Burg und die Bauten im Inneren zu erfahren. Schließlich beginnt die Geschichte dieses Bauwerks bereits vor dem Jahr 885. Über die Jahrzehnte wurden dem Areal immer neue Bauwerke beigesteuert und so kann man heute den Veitsdom besuchen, welcher jeden Besucher mit seiner gotischen Architektur ehrfürchtig empor blicken lässt, den alten Königspalast, die St.-Georgs-Basilika, die wunderbare goldene Gasse, in welcher einst Franz Kafka lebte, sowie den Daliborka-Turm.

Auch wenn die Bezeichnung "Prager Burg" allgemein geläufig ist, so wäre es eigentlich treffender, sie als "zusammenhängendes Areal mehrerer Gebäude" zu betiteln, auch wenn das viel zu lang wäre. Unter einer Burg stellen sich im eigentlichen Sinn viele eher eine Einheit mit Burggraben vor, als eine Aneinanderreihung mehrerer historischer Bauten. Ihre ursprüngliche Funktion hat die Prager Burg allerdings bis heute beibehalten. So ist sie die Residenz des tschechischen Präsidenten.

Wer in Geschichte gut aufgepasst hat, wird sich an einige historische Szenen in Prag erinnern. Eine hat besonders für Furore gesorgt und damit ganz Europa verändert. Wir gehen zurück ins Jahr 1618. Beim zweiten Prager Fenstersturz, welcher Folge der verletzten Religionsfreiheit der Protestanten war, was den böhmischen Ständeaufstand nach sich zog, wurden die Statthalter des Kaisers des Heiligen Römischen Reiches und sein Kanzleisekretär aus einem Fenster 17 Meter in die Tiefe geworfen. Auch wenn alle drei den Sturz weitestgehend unverletzt überstanden, war dieses Ereignis Auslöser für den Dreißigjährigen Krieg. Der Ort des Geschehens im Ludwigsflügel ist bis heute existent.

Wer sich das Areal der Prager Burg aus nächster Nähe ansehen möchte, hat diverse Möglichkeiten, dorthin zu kommen. Da die Burg, wie schon erwähnt, auf einem Hügel steht, gibt es Varianten für trainierte Besucher und Varianten, welche etwas komfortabler sind.

Variante 1 – der kürzeste und einfachste Weg zur Burganlage

Fahren Sie mit der Tram 22 bis zur Haltestelle Pražský hrad (Prager Burg) und halten Sie sich links. Nach 5 Minuten erreichen Sie den Brunnen im II. Burghof.

Variante 2 – immer bergab

Nehmen Sie die Tram 22 bis Pohořelec und laufen Sie 10 Minuten bergab bis zum Hradschiner Platz (Hradčanské náměstí). Sie finden sich vor dem Eingang mit den beiden gigantischen Statuen wieder, welche den Eingang zum I. Burghof beschützen.

Variante 3 – starker Anstieg mit toller Aussicht

Diese Variante ist nichts für Besucher, die nicht gut zu Fuß sind. Auch hier nehmen Sie die Tram 22 und steigen an der Haltestelle Malostranské náměstí aus und halten sich links ans untere Ende der Nerudova bis Sie auf Zámecká biegen können. Nach knapp 50 Metern können Sie scharf nach links auf Thunovská abbiegen. Diese wandern Sie jetzt bis ganz nach oben zur Schlossstiege und ja, der Anstieg ist ordentlich, aber dafür werden Sie mit einem wunderschönen Blick über die Stadt belohnt. Bevor Sie das Eingangsportal bei den ringenden Giganten betreten, können Sie sich die Prager Kleinseite von oben ansehen.

Variante 4 – kurzer Anstieg mit toller Aussicht

Nehmen Sie die grüne U-Bahn-Linie bis Malostranská und folgen Sie dem Verlauf der Tram 22 für knapp 100 Meter. Dann biegen Sie scharf links auf die Alte Schlossstiege und wandern die Strecke nach oben. Auf Ihrem Weg kommen Sie am St.-Wenzels-Weingarten vorbei und landen letztlich beim Tor Na Opyši, hinter dem sich eine Aussichtsplattform mit einem der besten Blicke über Prag auftut. Lassen Sie sich nicht von dem Sicherheitscheck irritieren.Bezahlen müssen Sie nichts, um den Check zu passieren. Hier wird lediglich geprüft, dass die Besucher keinen Alkohol und Waffen auf das Burggelände bringen.

Variante 5 – die Sommervariante durch den Königsgarten

Wie Sie sich jetzt vielleicht schon denken konnten, ist diese Option nur in den Sommermonaten möglich. Auch hier nehmen Sie wieder die Tram 22 bis zur Haltestelle Královský letohrádek und kommen so auf das Areal der Prager Burg. Sie passieren das Lustschloss Belvedere und gehen entlang der Königsgärten. Nach etwas mehr als einer Viertelstunde verlassen Sie den Garten und kommen so bis zum Burgeingang.

Hradčany, 119 08, Praha 1

Bild von Duernsteiner via Pixabay

KARLSBRÜCKE

Die Karlsbrücke ist das Sinnbild für Romantik. Wer einmal in der Morgen- oder Abenddämmerung über sie spaziert ist, wird auch verstehen, warum. Mit Blick auf die Kleinseite sieht man die Prager Burg vor sich liegen, während Schwäne über das Wasser gleiten und mit Blick auf die Altstadt einen wunderschönen Torbogen mit historischen Häuserfassaden im Rücken. Sie verbindet die Kleinseite mit der Prager Altstadt und ist die beliebteste Touristenattraktion der Stadt.

Mehr als einen halben Kilometer lang und gut 10 Meter breit kann es hier trotzdem zu den Hauptstoßzeiten sehr voll werden. Vor allem, seit die sozialen Medien so an Interesse gewonnen haben, kann es mitunter ziemlich nerven, zu warten, bis man einen Platz am Geländer ergattert hat, weil nicht alle Touristen sich mit einem Schnappschuss zufriedengeben. Viele sogenannte "Insta-Couples" blockieren die schönsten Plätze rund um die Statuen, um sich entweder in diversen Posen von ihrem Begleiter fotografieren zu lassen oder greifen selbst zum Smartphone und gehen nicht, bevor das perfekte Selfie unter den Aufnahmen ist. Insgesamt stehen 30 Statuen auf der Brücke. Der Großteil von ihnen ist im Barockstil gehalten und wurde um 1700 errichtet, auch wenn die meisten mittlerweile neugebaut wurden, da über die Jahre zu viele Schäden an den Statuen entstanden sind. Den Stress mit den anderen Touristen kann man sich leicht ersparen, indem man die Brücke in den frühen oder späten Stunden des Tages besucht. Die Chancen stehen gut, dass man sie dann sogar komplett für sich allein hat und bei Bedarf nach Herzenslust an allen Statuen reiben kann.

Der Legende nach soll das nämlich Glück bringen. Und einen Sonnenaufgang oder -untergang auf der Karlsbrücke zu sehen, gehört zu den Dingen im Leben, die man nicht mehr so leicht vergisst. Wer besonderen Wert auf die Nähe zur Karlsbrücke legt und sich eine weite Anreise ersparen möchte, ist gut beraten, sich ein Hotel im schönen Malá Strana zu buchen.

Karlův most, 110 00 Praha 1

PRAGER WEIHNACHTSMÄRKTE

Weshalb es sich zu jeder Jahreszeit lohnt, nach Prag zu reisen, wird einem im Winter beim Anblick der Weihnachtsmärkte bewusst. Geöffnet sind sie zwischen November und Dezember. Vereinzelte Stände lassen sich aber bis in den Februar hinein in der Altstadt finden. Der Altstädter Ring, rund um das alte Rathaus, verwandelt sich zum Höhepunkt des weihnachtlichen Spektakels und bietet eine wunderschöne Kulisse. Es ist, als würde man sich im Mittelpunkt eines kleinen Weihnachtswunders bewegen, umgeben von köstlichen Gerüchen von Glühwein, gebratenem Fleisch und Trdelník. Zur Weihnachtszeit gibt es mehrere Weihnachtsmärkte in der Stadt, auch wenn das Bild rund um den Altstädter Ring schon sehr einmalig ist. Unter anderem gibt es Märkte beim Wenzelsplatz und direkt auf dem Burgberg vor der St.-Georgs-Basilika. Wer die Märkte gern etwas weniger voll erleben möchte, sollte im November anreisen, da der Großteil der Touristen kurz vor und zu den

Weihnachtstagen kommt.

Staroměstské nám. 110 00, Praha 1

JOHN LENNON WALL

Diese Mauer besichtigt man nicht, weil sie bei Ihrem Besuch zwangsläufig mit den schönsten Bildern bemalt ist, sondern für die Botschaft und Symbolik, die hinter ihr stehen. Schon bevor es die John Lennon Wall wurde, wurde die Mauer als Leinwand für politischen Unmut des Volkes genutzt. Nach John Lennons Tod 1980 wurde die Wand ihm und seinen Werten gewidmet. Sie ist quasi ein sich ständig wandelndes Kunstwerk, bei dem man nie sicher sagen kann, was man vorfindet. Ursprünglich wurde die Wand mit Porträts von John Lennon, Covern der Beatles und Blumen, sowie Friedenszeichen, bemalt. 1988 begannen die Einheimischen das erste Mal wieder damit, die Mauer als Protestzeichen gegen ihre Regierung zu verwenden und ihrem Unmut mittels Beschwerdebotschaften Ausdruck zu verleihen. Die Beamten der Stadt übermalten daraufhin die Botschaften und das ursprüngliche Porträt von John Lennon wurde entfernt.

Bild von nike159 via Pixabay

Bis heute verändert sich die Wand ständig und je nach politischer

Lage, finden sich immer noch deutliche Ausdrücke der Meinung der Einheimischen und Touristen an ihr. 2018 beispielsweise wurde auf der Mauer überall dem Unmut über die Präsidentschaft von Donald Trump kundgetan. Ansässige Street Artists geben sich die größte Mühe, trotz des großen Zulaufs an Touristen und den damit einhergehenden Erinnerungs-Krakeleien an der Mauer immer mindestens ein Porträt von John Lennon unterzubringen. Damit soll an den Ursprungsgedanken der Mauer erinnert werden: Liebe und Frieden für alle.

Velkopřevorské náměstí, 100 00 Praha 1

NATIONALTHEATER

Das Nationaltheater gilt als das Prager Kultur-Statussymbol. Hier lebt die Kunst – ob Ballett, Oper, oder Schauspiel. Das Nationaltheater hat es sich zur Aufgabe gemacht, immer die höchste Qualität zu bieten und künstlerische Kreativität an die erste Stelle zu setzen. Die Aufführungen finden abwechselnd im historischen Gebäude des Nationaltheaters sowie im Kolowrat-Theater oder im Ständetheater statt.

Das Theater wurde zu Ehren von Kronprinz Rudolf am 11. Juni 1881 eröffnet und als erstes von Bedřich Smetanas Libuš bespielt, welches seine Uraufführung erlebte. Smetana, welcher zu diesem Zeitpunkt bereits taub war, dirigierte selbst. Im August desselben Jahres wurden große Teile des Theaters bei einem Feuer zerstört, welches durch nachlässiges Löschen von Holzkohle der Bauarbeiter des Gebäudes entstand. Wieder wurde national Geld gesammelt und so wurde das Theater 1883 wiedereröffnet. Und ganz im Sinne der Vergangenheit eröffnete wieder Smetanas Libuš die Spielzeit.

Die wunderschönen Räume des Theaters sind zurückzuführen auf die Innengestaltung von Mikoláš Aleš und František Ženíšek. Durch die hohe Qualität der Einrichtung und der technischen Ausstattung wurde das Theater knapp 100 Jahre ohne Veränderungen bespielt. Erst 1977 musste es für 6 Jahre geschlossen werden.

Das Nationaltheater hat ein breit aufgestelltes Programm, welches teilweise feste Darbietungen hat. So gehören beispielsweise Stücke von Tschaikowsky zu den Dauerbrennern im Ballett, während Smetana natürlich bei der Oper stark vertreten ist. Schauen Sie am besten vor Ihrer Reise auf der Website des Nationaltheaters nach, ob für Sie die passende Aufführung dabei ist und werden Sie Teil der Geschichte dieses wunderschönen Gebäudes.

Národní 2, 110 00 Praha 1

Prager Umland - die schönsten Trips außerhalb

Auch wenn Prag selbst eine Menge zu bieten hat, gibt es im Umland einige wunderschöne Orte, die einen Besuch wert sind. Wer also einen etwas längeren Aufenthalt in Prag hat und eine Pause vom Shopping und Sightseeing gebrauchen kann, sollte sich unbedingt mindestens einen Tag Zeit nehmen, um einmal aus der Stadt herauszukommen und ein paar weitere Facetten von Tschechien kennenzulernen. Mit dem Zug oder Bus erreicht man jeden dieser Orte für unter 10 Euro und fährt maximal zwei Stunden.

KARLSBAD (KARLOVY VARY)

Knapp zwei Auto- oder Busstunden von Prag entfernt befindet sich der wunderschöne Kurort Karlsbad. Bekannt ist Karlsbad für seine Thermalbäder und heißen Quellen, Spa-Einrichtungen und die wunderschöne Architektur. Im Zentrum gibt es einen Geysir, der minütlich tausende Liter Wasser in die Höhe spuckt. Auch gibt es an fast jeder Ecke einen Zugang zu einer heißen Quelle, für die Souvenir-Shops kleine Papp- oder Keramikbecher verkaufen, damit Touristen das heiße Wasser trinken können. Für Fans des Wanderns bietet dieser Ort viele schöne Wege mit traumhaften Aussichten. Wer sich zwischendurch eine Kleinigkeit gönnen möchte, sollte sich eine der beliebten Oblaten genehmigen. Es gibt sie mit mehreren Füllungen wie Schokolade oder Haselnuss und ist über die Ländergrenzen bekannt. Eine Oblate kostet gerade einmal 40 Cent und wird vor Ausgabe erwärmt. Wenn der Hunger zu groß für eine Oblate ist, kann man etwas außerhalb vom eher touristisch geprägten Zentrum sehr gut und günstig essen. Schlendern Sie einfach die Straße des Denkmals von Tomáš Garrigue Masaryk entlang und entdecken Sie die Lokale. Von Bagel- über Burger-Läden oder typisch böhmischer Küche ist hier alles vertreten. Anfang Juli finden jedes Jahr die internationalen Filmfestspiele in Karlsbad statt, was viele Stars und Schaulustige anlockt. Falls Sie sich nicht für das Festival interessieren, sollten Sie das bei Ihrer Reiseplanung berücksichtigen, da die Stadt zu dieser Zeit voll von Touristen ist.

PILSEN (PLZEŇ)

Gerade einmal eine Stunde mit dem Zug oder Bus entfernt von Prag liegt die schöne Stadt Pilsen, Ihren Namen verdankt sie dem berühmten dort hergestellten Bier, welches man dort an jeder Ecke und für kleines Geld trinken kann. Neben unzähligen guten Bierlokalen bietet die Stadt eine wunderschöne Architektur. Hier steht die höchste Kirche in Tschechien, von welcher aus man einen fantastischen Blick über die Stadt hat. Wer gute Burger liebt, sollte bei einem Besuch in der Stadt unbedingt bei der **Buffalo Burger Bar** vorbeischauen. Das Lokal überzeugt sowohl in Sachen Einrichtung als auch der Qualität der Speisen und dem Geschmack der Burger. Hier wird von den Tortilla Chips über die Salsa bis hin zur Guacamole alles selbst hergestellt. Auch wenn die Burger selbst üppig belegt und sehr schmackhaft sind, sollten Sie die Spare-Rips auf gar keinen Fall verpassen. Ein absolutes Highlight. Wer nach dem Burger noch ein Dessert vertragen kann, sollte bei **Kolombina** vorbeischauen. Dieses Lokal wurde mehrfach für sein Eis ausgezeichnet und wechselt regelmäßig die Sorten. Auch das Eis am Stiel ist sowohl optisch als auch geschmacklich sehr lohnend. Direkt nebenan findet sich das **Pivotečka.** Aus Zapfhähnen werden hier mehr als elf verschiedene Biersorten ausgeschenkt. Ideal geeignet, um ein kleines Bier-Tasting zu veranstalten und sich durch alle Sorten zu probieren.

Wer an heißen Sommertagen etwas Abkühlung vertragen könnte, sollte den Pilsner Untergrund erkunden. Unter dem kompletten Stadtzentrum verläuft ein unterirdisches System, bestehend aus Kellern,

Brunnen und Gängen, welches im 13. und 14. Jahrhundert zur Kühlung und Lagerung von Lebensmitteln erstellt wurde. Auch damals wurde hier schon Bier gebraut. Manche Lokale haben bis heute Zutritt zu den unterirdischen Räumen, was vor allem an heißen Tagen hilft, Lebensmittel gut gekühlt zu lagern. Direkt neben dem Brauereimuseum liegt der Eingang zu dem Bereich, der bis heute von Besuchern besichtigt werden kann. Der Großteil des Labyrinths ist mittlerweile etwas zu sehr in die Jahre gekommen, um ihn bedenkenlos zu betreten, aber auch für den zugänglichen Abschnitt lohnt es sich, in den Pilsner Untergrund einzutauchen. Eine Besichtigung inklusive Kostproben vom Pilsner Urquell dauert knapp eine Stunde und kostet gerade einmal 4,40 Euro.

Buffalo Burger Bar - Dominikánská 3, Plzeň, 301 00

Kolombina - Rooseveltova 6, Pilsen 301 00

Pivotečka - Rooseveltova 76/4, Pilsen 301 00

Pilsner Brauereimuseum - U Prazdroje 7, 301 00 Plzeň 3

KARLSTEIN (KARLŠTEJN)

Auch dieses Reiseziel ist mit dem Zug von Prag aus in knapp 40 Minuten erreicht und eine Fahrkarte kostet gerade einmal 2,15 Euro. Innerhalb von Karlstein ist alles fußläufig erreichbar. Für einen Besuch der Burg Karlstein, was die Hauptattraktion des Bezirks ist, muss man eine knappe halbe Stunde bergauf wandern. Für alle mit einem durchschnittlichen Fitnesslevel sollte das allerdings kein Problem sein. Die Burg erinnert an ein Märchenschloss. Sie thront auf einem Berg und ist umgeben von Wäldern. Die Architektur selbst hat sich über die Jahrzehnte etwas verändert, was Besucher jedoch nicht weniger ehrfürchtig werden lässt. Ursprünglich galt die Burg als Statussymbol und Rückzugsort für den böhmischen König und Kaiser des römischen Reiches Karl IV. Später wurde die Burg auch als Aufbewahrungs- und Schutzort für Schätze und Krönungsinsignien verwendet. Während der Hussitenkriege hielt die Burg den Prager Truppen stand und wurde in den kommenden

Jahrhunderten um immer neue architektonische Stile ergänzt. Es ist nicht möglich, jeden Bereich der Burg zu besichtigen. Allerdings ist sie selbst von außen schon mehr als imposant. Für eine Stärkung nach einer Führung durch die Burg müssen Sie nur 5 Minuten zu Fuß gehen, bis Sie das **Pod Dračí skálou** erreichen. Hier wird vernünftige tschechische Küche zu moderaten Preisen angeboten und an Sommertagen kann man draußen sitzen und das schöne Wetter genießen.

Pod Dračí skálou - Karlštejn 130 / 267 18

Bild von FelixMittermeier via Pixabay

PARDUBITZ

Ebenfalls gerade mal eine Stunde mit dem Auto oder Zug von Prag entfernt liegt die Stadt Pardubitz. Ihr wird oft nachgesagt, dass sie wie eine kleine Version von Prag aussähe. Da sie weitaus weniger von Touristen bereist wird, hat man hier allerdings viel mehr Zeit und Ruhe, um sich umzusehen und einen Eindruck von der Stadt zu gewinnen. Hier steht Schloss Pardubitz, ein im Renaissance-Stil gehaltener, romantischer Bau, welcher früher Wohnsitz adliger Familien war und heute als Museum und Galerie für ostböhmische Kulturgüter genutzt wird. Für Naschkatzen lohnt sich ein Besuch an einem der zahlreichen Lebkuchenstände. Das süße Gebäck hat in Pardubitz eine jahrhundertelange Tradition und kann für wenig Geld erworben werden. Aufgrund der langen Haltbarkeit ist es auch ein schönes Mitbringsel für die Liebsten zu Hause. Für eine Anreise mit dem Zug zahlen Sie ab Prag Hauptbahnhof circa 8 Euro.

NATIONALPARK BÖHMISCHE SCHWEIZ

Für Naturliebhaber lohnt es sich, einen Tag im Nationalpark der böhmischen Schweiz einzuplanen. Zwar dauert die Anfahrt mit dem Zug mit 1 Stunde und 40 Minuten etwas länger, als Abwechslung zur überfüllten Prager Innenstadt ist es aber perfekt geeignet. Hier findet man etwas Ruhe und Besinnung inmitten der atemberaubenden Landschaften. Der Nationalpark ist einer von vier Nationalparks Tschechiens und grenzt an die sächsische Schweiz. Seit der Park 2000 als Schutzgebiet anerkannt wurde, hat sich einiges in der Welt von Flora und Fauna getan. So beheimatet er viele seltene Tier- und Pflanzenarten und konnte erfolgreich der Arterhaltung und Wiedergewinnung einiger Pflanzen- und Tierarten dienen. Neben der größten natürlichen Sandsteinbrücke Europas findet man hier diverse Schlösser, den Fluss Kamenice. Hier leben Lachse aus dem Atlantik und auf eine Bootsfahrt auf dem Fluss kann sich als echtes Urlaubshighlight entpuppen. Außerdem findet sich hier der Aussichtspunkt des Marienfelsen. Letzterer trennt Sie allerdings 600 Stufen vom Erdboden. Der Panoramablick über den Nationalpark ist diese Strapazen allerdings mehr als wert. Um zum Nationalpark zu gelangen, nehmen Sie am besten einen Zug vom Prager Hauptbahnhof Richtung **Decin und wandern von dort aus weiter nach Hřensko oder Mezní Louka. Ein Zugticket kostet circa 7 Euro.**

Bild von ivabalk via Pixabay

Trdelník überall - der süße Trend für jeden Geschmack

Essen in Prag ist traditionell eher dafür bekannt, sehr Fleisch-lastig zu sein. Doch auch für Naschkatzen wird hier einiges geboten. Neben unzähligen Süßwarengeschäften mit Fokus auf Bonbons gibt es hier circa seit der Jahrhundertwende die üppige Köstlichkeit Trdelník. In kleinen Ständen wird es das ganze Jahr über in Prag verkauft, allerdings ist es besonders zur Weihnachtszeit auf den Märkten ein Highlight und Touristenmagnet. Ursprünglich kommt die Nascherei aus Rumänien, von wo die Reise in die Slowakei weiterging, bis es endlich in Tschechien ankam und hier für Verzückung sorgte. Es ist den Einwohnern in Prag allerdings sehr wichtig, dass nicht die Behauptung aufkommt, Trdelník sei eine Prager Spezialität. Es wird an jeder Straßenecke verkauft und von einigen Locals hin und wieder bestimmt gern gegessen, allerdings ist und bleibt es ein hauptsächlich touristisches Must-Try. In Prag ein Trdelník zu essen, ist in etwa so, wie in New York mit einem "I Love New York"-Shirt umherzulaufen. Trotzdem sollte sie jeder mindestens einmal probiert haben. Schließlich schmeckt es trotz allem köstlich.

Bei Trdelník handelt es sich um eine Art Baumkuchen, allerdings aus Hefeteig. Der Teig wird in Kringeln um einen langen Stock geschlungen und über offener Glut gebacken. Vorher wird er traditionell in Zimt und Zucker gewälzt. Nach kurzer Backzeit ist das Süßgebäck fertig und wird mit einer Serviette an dieKunden gereicht.

Bild von tasy_hong via Unsplash

Mittlerweile gibt es Trdelník in unzähligen Varianten. In der Regel kann man zwischen der klassischen Variante ohne Füllung – also nur dem gebackenen Teig mit Zimt und Zucker – oder mit reichlich Schlagsahne oder Eis gefüllt und mit Früchten garniert wählen. Allerdings gibt es aufgrund der hohen Konkurrenz der einzelnen Stände so gut wie jede Kombinationsmöglichkeit. Kleiner Tipp: Besonders die Variante mit heißem, karamellisiertem Apfelpüree und Schlagsahne schmeckt fantastisch. Erhältlich ist das süße Gebäck in der einfachen Ausführung ab 60 Kronen, also umgerechnet 2 Euro. Eine Portion reicht für zwei Personen, da es ungeübten Naschkatzen sonst sehr auf den Magen schlagen kann. Da es sich bei der Herstellung von Trdelník noch um echte Handarbeit handelt, kann es unter Umständen einen Moment dauern, bis man eine Portion serviert bekommt. Dafür kann man von Anfang an dabei zusehen, wie der Teig aufgewickelt und über der Glut knusprig gebacken wird.

Kantýna

Hier gibt es böhmische Küche vom feinsten. Das Kantýna ist in dem Gebäude einer ehemaligen Bank und erinnert sehr an eine edel eingerichtete Kantine. Das Einzige, was von der einstigen Bank übriggeblieben ist, ist der massive Marmortisch in der Mitte des Lokals. Hier bestellt man sein Essen am Tresen. Das Personal wiegt die Speisen ab und bringt es dann auf einem schön angerichteten Tablet an den Tisch. Die Auswahl erstreckt sich von köstlichem Rindergulasch (Hovädzi Guláš), Roastbeef und Würsten bis hin zu Suppen und typischen Beilagen wie Kartoffelpuffern (Reiberdatschi), Kraut und Brot mit Schmalz. Besonders interessant: Das Lokal verfügt über eine Metzgerei-Auslage. Ganz nach dem Gedanken, dass man die Speisen, die man eben noch genießen konnte, gern zu Hause nachkochen kann.

Politických vězňů 1511/5, Praha 1

U Kroka

Das U Kroka bietet zwar traditionell böhmische Küche, allerdings neu und modern interpretiert, ohne am guten Geschmack einzubüßen. Wer hier Knödel mit Kaninchen bestellt, bekommt sie in einer kunstvollen Interpretation auf seinem Teller dargeboten. Die schöne Darreichung schmälert allerdings nicht die Portionsgrößen der Küche. Trotzdem ist das Preis-Leistungs-Verhältnis dieses Restaurants mehr als angemessen. Ein Hauptgericht kostet hier im Schnitt 11 Euro. Das Fleisch spielt geschmacklich in der obersten Liga und auch die Lokalität selbst lässt Herzen höherschlagen. Minimalistische Moderne trifft hippes Industriedesign. Zusammengefasst vereint das U Kroka Ästhetik in allen Belangen. Sowohl auf dem Teller als auch drumherum. Wer braucht da noch mehr Argumente für einen Besuch?

Vratislavova 28/12, 128 00 Praha 2

Mincovna

Gelegen in der touristischen Altstadt findet sich ein wahrer Schatz der böhmischen Küche. Das Mincovna liegt in einer ehemaligen Münzprägestelle und ist geschmückt mit vielen historischen Relikten. Entgegen der sonst so dürftigen Küche in der überlaufenen Altstadt findet man hier exzellente, saisonale Speisen. Im Sommer werden frische Zutaten verwendet. Ziegenkäsesalate, gegrillte Entenbrust mit Minze und Ingwer-Dressing verwöhnen hier den Gaumen. Im Winter wird es deftiger. Frisches Roastbeef und wärmendes Gulasch schmücken dann die Speisekarte. Auch hier empfiehlt es sich dringend, einen Tisch zu reservieren.

Staroměstské náměstí 930/7, Praha 1

Pod Věží

Das Beste kommt bekanntlich zum Schluss. Auch wenn alle genannten Restaurants eine Klasse für sich sind, ist das Pod Věží ein absolutes Highlight auf mehreren Ebenen. Was hier vor allem hervorsticht, ist der erstklassige Service. Die Mitarbeiter kennen sich auf ihrem Gebiet aus, können individuelle Empfehlungen für Speisen und Getränke aussprechen, haben ein Auge für fast geleerte Gläser und geben ihren Gästen von Sekunde eins an das Gefühl, gleich etwas ganz Besonderes erleben zu dürfen. Für Prager Verhältnisse ist dieses Lokal preislich gehobener, für das, was serviert wird, ist es nach deutschem Ermessen viel zu günstig. Neben traditioneller tschechischer Küche finden hier auch italienische Einflüsse ihren Raum. Von dem Appetizer über die Vorspeisen bis hin zum Hauptgang ist jeder Gang sein Geld mehr als wert. Kleiner Tipp: Wer sich nicht darüber ärgern möchte, seinen Hauptgang nicht zu schaffen, sollte entweder häufiger herkommen und bei einem Besuch lediglich mehrere Vorspeisen bestellen oder die Vorspeise von Beginn an weglassen. Die Portionen sind reichlich und viel zu gut, um später zur Hälfte entsorgt zu werden. Besonders das Rinder-Lendensteak mit saisonalem

Gemüse ist hier hervorzuheben. Für Vegetarier empfiehlt sich das Trüffel-Risotto.

Mostecká 58/2, Praha 1

Svatá Klára

Unweit des Prager Zoos liegt das ideale Lokal für alle, die gern einmal etwas Abwechslung in den klassischen Restaurant-Alltag bringen wollen. Der ehemalige Weinkeller aus dem 14. Jahrhundert liegt in einer Höhle neben dem Schloss Troja und bietet eine einzigartige Einrichtung, die man sich in einem Restaurant nur vorstellen kann. Antike Möbel, Perser-Teppiche und barocke Statuen rahmen die Tische des Restaurants ein. Ein großer Kamin flackert entspannend nebenher und das Personal reicht köstliche, wenn auch preisintensivere, Speisen an. Wer hier zum Essen herkommt, sollte auf jeden Fall auch einen Wein aus der riesigen Weinkarte wählen. Schließlich ist das Restaurant bekannt für seine hochkarätige Auswahl.

U Trojského zámku 35, 171 00 Praha 7

NICHT BÖHMISCH UND TROTZDEM KÖSTLICH

Auch wenn es verständlich wäre, wenn Sie von der böhmischen Küche kaum genug bekommen können, lohnt es sich in Prag hin und wieder eine Pause von Gulasch und Co. zu machen und einige der fantastischen internationalen Restaurants der Stadt kennenzulernen. Von indisch über französisch ist alles vertreten und das in jeder Preisklasse. Wie bei allem gilt: In den touristisch geprägten Straßen wie direkt bei der astronomischen Uhr oder der Karlsbrücke findet sich selten etwas Hochwertiges. Aber schon eine Straße nebenan können sich wahre Schätze verbergen. Wenn Sie nicht lang suchen wollen, sind hier einige der besten Lokale der Stadt:

Dish fine Burger Bistro

Wer gute Burger liebt, wird das Dish fine Burger Bistro lieben. Mittlerweile gibt es das Lokal schon zweimal in Prag. Das erste Burger Bistro liegt etwas versteckt, in der Nähe vom Wenzelsplatz in einer ruhigen Straße. Das zweite Lokal ist ein paar Gehminuten weiter entfernt. Eine Reservierung ist für beide Standorte dringend notwendig, da die Lokale selbst nicht besonders groß (mit 30 Personen wäre es schon sehr voll) und ungemein beliebt bei den Locals sind. Die Burger sind saftig und üppig, die Fritten frisch und in verschiedensten Ausführungen erhältlich. Ein absolutes Highlight ist der Ziegenkäse- oder Lammburger, sowie die Fritten mit Ahornsirup und Speckstreifen. Wer sich am Telefon etwas unsicher dabei fühlt, eine Reservierung zu tätigen, kann das auch bequem über die Website des Lokals erledigen.

Římská 1196/29, 120 00, Praha 2

Belgická 335/26, 120 00, Praha 2

Brasileiro

Etwas versteckt liegt dieses absolutes Must-Try für Fleisch- und Fischliebhaber. Das Lokal bietet diverse All-you-can-eat-Optionen an. Neben einer Salatbar gibt es zahlreiche Sushi-Platten, Austern (gegen Aufpreis), weitere Meeresfrüchte und Vorspeisen, welche frisch zubereitet werden und auf den Verzehr warten. Das Highlight des Lokals ist allerdings das aufgespießte Fleisch, mit dem die "Passadores de carne" von Tisch zu Tisch gehen und je nach Belieben Scheiben herunterschneiden. Diese Servierart nennt sich "Rodízio". Mit farbigen Deckel nach dem Ja/Nein-System kann man signalisieren, ob man noch weiteres Fleisch verköstigen möchte oder eine Pause macht. Nach demselben Prinzip funktioniert auch die Fisch- und Meeresfrüchte-Variante. Zwar ist das All-you-can-eat-Buffet des Brasileiro nicht die günstigste Alternative, um in Prag essen zu gehen, allerdings ist die Qualität des Fleisches und der übrigen Gerichte überragend und ihr Geld somit absolut wert.

Na Příkopě 859/22, Praha 1, 110 00

The Pind

Für Liebhaber der indischen Küche sollte ein Besuch im Pind fest eingeplant werden. Mittlerweile ist dieses Restaurant unter den Locals als Vorreiter für indisches Essen fest verankert. Alle Gerichte werden mit Handarbeit liebevoll zubereitet und wunderschön angerichtet. Das Lokal ist etwas gehobener, dafür spricht die Qualität für sich. Für Vegetarier sowie Fleischliebhaber gibt es eine große Auswahl an Gerichten. Tipp: Vor allem Naan schmeckt hier besser als sonst irgendwo in Tschechien.

Korunní 1151/67, Praha 2, 120 00 Vinohrady

KAMPA PARK Restaurant

Dieses Lokal ist perfekt für all diejenigen, die es ein wenig exklusiver mögen. Geführt von Marek Raditsch steht das Restaurant ganz für hochwertige Speisen und deren kunstvolle Ausführung, damit Sie Ihren Aufenthalt so schnell nicht vergessen. Die Speisekarte bietet ein paar ausgewählte vegetarische, Fleisch- und Fisch-lastige Gerichte. Bestellen Sie sich zu Ihrer Wahl auf jeden Fall ein Glas Wein aus der sehr ausführlichen Weinkarte. Preislich liegt es weit höher als der Prager Durchschnitt, was durch die feine Auswahl und Aufmachung der Gerichte allerdings gerechtfertigt ist. In Deutschland kämen die Preise denen einer etwas gehobenen Küche gleich und liegen für die Hauptgerichte bei 20 bis 30 Euro. Jedoch ist es auch nicht so angedacht, hier zweimal in der Woche essen zu gehen, sondern den Besuch zu zelebrieren und ihn zu etwas besonderem zu machen. Besonders ist auch Ihre Aussicht beim Dinieren. Direkt an der Moldau gelegen haben Sie einen direkten Blick auf die Karlsbrücke, was besonders zu den Abendstunden ein besonders schönes Bild abgibt.

Na Kampě 523/8b, 118 00, Praha 1

DIE BESTEN CAFÉS DER STADT

Eine der charmanten Seiten von Prag ist es, dass man beim Schlendern durch die Straßen und Gassen der Stadt von jetzt auf gleich einen völlig neuen Blick auf die Umgebung bekommt. Schon eine Querstraße weiter könnte Sie ein uriger kleiner Buchladen mit Auslage auf der Straße erwarten, ein Blumenladen mit extravaganten Gestecken und unverschämt günstigen Schnittblumen oder eines der vielen fantastischen Cafés der Stadt. Neben gutem Kaffee und einer kurzen Auszeit vom Sightseeing kann man nirgendwo besser beobachten, wo die aktuellen Food-Trends liegen, wie sich die Prager Schickeria momentan kleidet und welche Inneneinrichtung aktuell angesagt ist. Cafés sind ein wichtiger Bestandteil der Prager Kulturszene und stehen auf der Beliebtheitsskala nach wie vor ganz oben. Aus diesem Grund findet man sie an jeder Ecke. Es gibt sie mittlerweile in jeder Spezialisierung. Bei den einen liegt der Fokus auf der exklusiven Qualität des Kaffees, andere sind bekannt für ihre herrlichen Süßspeisen-Kreationen und wieder andere zaubern kunstvoll belegte Brote, welche inmitten eines urbanen Dschungels verköstigt werden können. Hier finden Sie eine Übersicht über die *Crème de la Crème* der Prager Cafés.

IF Café

Das IF Café erfreut sich mittlerweile so großer Beliebtheit, dass es gleich viermal in Prag vertreten ist. Das erste der heute vier Cafés betrieb die Inhaberin Iveta Fabešová mit ihrem Mann allein. Sie ist eine wahre Virtuosin der französischen Patisserie und hat schon einige erfolgreiche Rezeptbücher veröffentlicht. Bei einem Besuch in einem der Cafés sticht direkt die einladende Süßwarenauslage ins Auge. Fabešová testet immer wieder neue Kreationen, wie bunte und vielfältige Törtchen, Crumbles, Eclairs und Windbeutel. Eines der Cafés ist besonders schön gelegen. Ansässig in einer historischen Villa inmitten des Kampa Parks, direkt an der Wasserseite der Moldau, werden hier regelmäßig Kunstausstellungen und andere Events präsentiert. Sollten Sie sich also bei einem Spaziergang in der Nähe wiederfinden, lohnt es sich definitiv für ein Törtchen und einen Kaffee einzukehren.

Belgická 30, Praha 2

Tylovo náměstí 2, Praha 2

U Sovových mlýnů 7, Praha 7

Jungmannova 30/21, Praha 1

Café Jedna

Dieses Café liegt direkt in der Nationalgalerie. Als Teil der Galerie werden aktuell laufende Ausstellungen in dem Café weiter fortgeführt. Hier sitzt man also wortwörtlich inmitten bekannter Kunstwerke. Neben köstlichen Torten und Kuchen kann man hier zur Mittagszeit auch diverse Snacks und Gerichte bestellen. Sobald der Abend eingeläutet wird, verwandelt sich das Café in eine Bar. Besonders vielfältig ist die Bierauswahl, welche Biere der ansässigen Brauereien auf der Karte hat. Wer sich also für Kunst und guten Kaffee interessiert, ist hier an der richtigen Adresse.

Veletržní palác, Dukelských Hrdinů 530/47, Praha 7

Grand Café Orient

Designt vom Architekten Josef Gočár ist dieser Ort allein schon optisch ein echtes Highlight. Das Haus zur Schwarzen Muttergottes, benannt nach einer kleinen Statue der Schwarzen Madonna an der rechten Fassade, steht ganz im Stil des Kubismus. Viel Fläche und klaren Kanten umspielen den Bau, welcher über eine geschwungene Treppe in die erste Etage zum Café führt. Dieses wunderschön gelegene Lokal ist vor allem für Frühstücksjäger ein echter Geheimtipp. Von Ei-Speisen über süße Gebäcke ist alles auf der Karte vertreten und für günstiges Geld zu haben. Da das Café nicht ebenerdig liegt und man so eher selten zufällig darüber stolpert, trifft man hier eher die Locals als Touristen an.

Ovocný trh 19, 110 00, Praha 1

Kavárna co hledá jméno

Was sich erst einmal sehr kompliziert liest, bedeutet übersetzt so viel wie "Der Ort, der noch einen Namen sucht". Das steht allerdings in keiner Weise im Verhältnis zu der Popularität des Lokals. Locals stehen hier zu Stoßzeiten Schlange, um eines der berühmten Eier Benedikt zu essen. Von außen lässt sich das zunächst erst gar nicht vermuten, da das Café am Ende eines Parkplatzes liegt. Erst beim Eintreten entfaltet sich der Charme, dank des modernen und industriellen Designs. Hier wird Wert auf einzelne Designerstücke gelegt, welche den Wert der Lokalität unterstreichen sollen. Die Bar besteht beispielsweise aus einem einzigen, dicken Baumstamm. Was früher eine Ruine war, wurde von den Inhabern mit viel Liebe in einen wunderschönen Café-Tempel verwandelt. Wem das Design egal ist, der wird sich über die exzellente Küche freuen. Es lohnt sich allerdings, rechtzeitig zu kommen, wenn man langes Anstehen vermeiden möchte. Aber selbst, wenn es sich nicht umgehen lässt, ist das Kavárna co hledá jméno die Warterei vollends wert.

Stroupežnického 493/10, 150 00 Praha 5

Venue

Was dieses Café so besonders macht, ist die regionale Zusammenstellung der Speisen. Alles, was Sie hier auf der Karte finden, wird so lokal wie möglich eingekauft. Teilweise sogar vom Wochenmarkt direkt vor der Tür. Wer jetzt denkt, dass die Gerichte des Cafés vermutlich sehr einfach gehalten sind, der täuscht sich. Auf herrlich kreative Art werden hier sehr ansprechende Gerichte zubereitet. Dabei wird mit allem gespielt, was beim Frühstück erlaubt ist. Ansprechende Variationen von Waffeln, Pastrami-Burgern und Pancakes finden sich hier auf der Karte. Kleiner Tipp: Wer die Frühstücks-Bowl für sich entdeckt hat, sollte hier unbedingt die "Power Bowl" probieren. Die Bowl wird mit hausgemachtem Apfelpüree und Granola, zimtigen Bratäpfeln, Chiasamen und einem guten Schuss Proteinpulver mit Mandelmilch gereicht. Ideal als

Energiezufuhr, um in den Tag zu starten, oder um sich nach einem ausgiebigen Training zu belohnen. Wer den Fokus mehr auf Kaffee als auf Speisen legt, wird ebenfalls auf seine Kosten kommen. Eine stimmige Inneneinrichtung mit gutem Mix aus Kunst und Urban Jungle runden das Bild ab. Wer Glück hat, bekommt hier auch spontan einen Platz. Da das Lokal allerdings nicht besonders groß ist, ergibt es gerade für ein Frühstück Sinn, nicht zu spät zu kommen, da das Venue keine Reservierungen annimmt.

Havelská 525/4, 110 00, Praha 1

Coffee & Waffles

Dieses Café ist ein wahres Goldstück. Hier bekommt man den ganzen Tag Frühstück serviert, unabhängig davon, ob Sie lieber süß oder herzhaft frühstücken. Neben hervorragendem Kaffee gibt es eine große Auswahl an Frühstücksvariationen wie Eier Benedict, einem klassischen English Breakfast oder Rührei mit Speck. Wer möchte, kann aber auch direkt mit einer üppig getoppten Waffel in den Tag starten. Ob simpel süß, mit einer Version aus karamellisierten Bananen oder etwas exklusiver mit Ricotta, Birnen, Nüssen und Honig oder direkt herzhaft mit Huhn und Guacamole, liegt dabei ganz bei Ihnen. Preislich liegen die Gerichte alle zwischen 90 und 190 Kronen, also gerade einmal 3 bis 7 Euro. Wer nicht mit einem Kaffee einsteigen möchte, kann auch gleich auf Gin Tonic übergehen. Sie merken, dieses Café bietet für jeden Frühstückstypen ein eigenes Wohlfühlpaket.

Valentinska 1061/6, 11000, Praha 1

Paprika

Das Paprika ist ein kleines, aber sehr gutes Café in Vinohrady, welches hauptsächlich mediterrane israelische Speisen serviert. Anders als beim klassischen Imbiss von nebenan kann man sich hier eigene Hummus-Platten mit Shawarma, Falafel oder Aubergine zusammenstellen, kann sich ein buntes Allerlei für zwei in vegetarischer, veganer oder klassischer Variante bestellen. Die Qualität der Gerichte ist hervorragend und die Preise lassen das Portemonnaie lächeln. Obwohl die Portionen groß sind, bekommt man hier für 7 Euro pro Person so gut wie alles von der Speisekarte. Das Café lebt ganz nach dem Leitgedanken "Jeder ist willkommen und Essen ist dazu da, um geteilt zu werden". Dies unterschreiben wir voll und ganz und haben nichts mehr hinzuzufügen.

Rumunska 16, I.P. Pavlova, 120 00, Praha 2

NACHTS IN PRAG – HIER WIRD GEFEIERT UND GETRUNKEN

Das Prager Nachtleben ist legendär. Nicht umsonst ist es die Hochburg für Junggesellenabschiede aus aller Welt und ein beliebtes Ziel für einen Wochenendtrip mit den besten Freunden. Egal, wonach man sucht – in Prag findet man es. Ob feiern bis in die Morgenstunden in den Clubs der Stadt oder zu Livemusik in den Pubs und Hallen tanzen, während man günstiges Bier und Cocktails trinkt. Auch wenn man keinen Junggesellenabschied feiert, lohnt sich das Prager Nachtleben für Touristen finanziell. Aus diesem Grund werden in regelmäßigen Abständen ganze Flieger voller feierwütiger Touristen abgeladen. Doch im Gegensatz zu den deutschen Feierhochburgen gibt es einige feine Unterschiede, über die Sie sich vorher klar sein sollten, bevor Sie zum Feiern losziehen.

Zum einen wird in Tschechien nicht vorgetrunken. Die Bars sind so günstig, dass es sich nicht lohnt, sich gemeinsam etwas anzutrinken, um später eventuell etwas Geld zu sparen. Dementsprechend trifft man sich direkt in den Clubs oder Bars.

In einem Großteil der Bars darf geraucht werden. Deswegen sollte man sich vorher im Klaren darüber sein, dass man auch als Nichtraucher zwangsläufig früher oder später wie ein Aschenbecher riechen wird. Ausnahmen bestätigen die Regel, aber Tschechen sind dafür bekannt, dass zu trinken und zu rauchen für sie beim Feiern dazu gehört.

Prag hat eine offene Feierszene. Das bedeutet, dass Menschen aller

Sexualitäten und Hautfarben zum Feiern hierherkommen und von der Feierszene gern gesehen sind. Wer dem kritisch gegenübersteht, sollte sich zweimal überlegen, ob diese Stadt das richtige Pflaster für ihn ist.

Jetzt aber ans Eingemachte. Auch wenn es Spaß macht, sich treiben zu lassen und einfach mal zu schauen, wo man landet, ist hier eine Übersicht der Lokalitäten, die sich in jedem Fall lohnen:

BARS

Al Capone's Bar

Die perfekte Bar, wenn man sich mit mehreren Runden Schnaps auf einen langen Abend einstimmen möchte. Bestimmte Schnapsrunden sind nämlich Teil des Angebots der Bar. Ebenfalls besticht sie durch ihre unverschämt guten Preise. Die Cocktails liegen hier im Schnitt bei 2,50 bis 4,00 Euro. Günstiger geht es bei der Qualität der Getränke nicht. Auch praktisch ist, dass die Bar in der Altstadt gut angebunden ist, um später zum Tanzen weiterzuziehen oder sich bei ruhigeren Abenden direkt auf den Weg zurück ins Hotel zu begeben. Die Türen werden 18 Uhr geöffnet und schließen montags bis donnerstags 2:00 Uhr, freitags bis samstags 3:30 Uhr und sonntags 0:00 Uhr.

Bartoloměјská 305/3, 110 00 Praha 1

Bed Lounge

Hier ist der Name Programm. Die Bed Lounge bietet über zwei Etagen Tische und Betten, welche komplett in Weiß gehalten und mit bunten Lichtern bestrahlt werden, die zur Musik ihre Farbe wechseln. Dieser Ort ist etwas mehr "High Class" und ein beliebter Treffpunkt der Prager Schickeria und Promiszene. Die Getränke und Speisen werden direkt zum Bett gebracht und wer wollte sich nicht gern schon mal hübsch zurechtgemacht einen Caesar Salad und einen Moscow Mule ans Bett bringen lassen? Preislich ist die Bed Lounge eher für Genießer gedacht, welche für die Erfahrung herkommen und nicht für feierwütige Touristen, welche nach möglichst viel günstigem Alkohol suchen. Ein Erlebnis ist diese Lokalität allemal. Besonders beliebt ist sie übrigens auch für erste Dates. In gemütlicher Atmosphäre kann man hier bis 01:00 sitzen.

Dlouhá 2, 110 00, Praha 1

Hany Bany

Ebenfalls in der Altstadt gelegen bietet das Hany Bany eine rund um die Uhr Alternative für einen Besuch. Völlig egal, ob man auf einen schnellen Kaffee vorbeikommt, auf ein Bier nach dem Abendessen oder zur Happy Hour zwischen 15:00 und 16:00 Uhr. Diese ist übrigens ein echter Spar-Tipp: Einen halben Liter Bier bekommt man dann für schmale 50 Cent auf den Tisch gestellt. Braucht man da noch mehr Argumente für einen Besuch? Geöffnet ist die Bar in der Regel bis Mitternacht.

Veleslavínova 58, 110 00, Praha 1

Tretter's New York Bar

Wer sich einmal ins New York der 30er-Jahre zurückversetzt fühlen möchte, ist hier genau richtig. Das Tretter's ist von Kopf bis Fuß dieser Epoche verschrieben und nimmt seine Besucher durch stimmige Musik, Fotografie und Inneneinrichtung mit auf eine kleine Zeitreise. Das Mobiliar ist in dunkles rot getaucht. Es gibt eine hervorragende Cocktailkarte und bei Bedarf mixt das Barpersonal auch den einen oder anderen Wunschcocktail. Die Bar ist täglich bis 3:00 Uhr geöffnet.

V Kolkovně 3, 11000 Praha 1

Vzorkovna, aka "The Dog Bar"

Diese Lokalität ist perfekt für alle, die gern mal etwas anderes erleben wollen. Eigentlich kann man das Vzorkovna auch nicht direkt als Bar bezeichnen. Es ist eher eine Mischung aus Privatclub, Bars und Konzert-Venue. Hier bekommt man alles. Neben gutem und günstigem Alkohol trifft man ein buntes Potpourri an Menschen sowie einen riesigen Wolfshund, der hier lebt. Was von außen eher unscheinbar wirkt, erschließt sich als riesiges Untergrundlabyrinth aus diversen Bars und Lounges, sowie einer Bühne, auf der Livemusik und Karaoke regelmäßig stattfinden. Bezahlt wird über eine Chipkarte, welche man am Eingang auflädt und ausgehändigt bekommt. An den Bars darf nicht mit Bargeld bezahlt werden. Neben jeder Form von Getränken kann man sich auch mit Pizza glücklich machen. Es sei allerdings vorab gesagt, dass das Personal dieser Lokalität mittlerweile einen durchwachsenen Ruf hat. Sowohl an der Tür als auch hinter der Bar, sollte man nicht unbedingt darauf eingestellt sein, Freunde zu finden. Das Vzorkovna weiß um seine Individualität und muss deswegen zeitnah keinen Einbruch an Besuchern befürchten. Wer das im Hinterkopf behält und diesbezüglich gegebenenfalls Scheuklappen aufsetzen kann, wird hier eine gute Zeit haben. Die Öffnungszeiten variieren häufiger, liegen in ihrer Kernzeit aber zwischen 03:00 und 04:00 Uhr.

Národní 339/11, 110 00, Praha 1

CLUBS

Chapeau Rouge

Dieser Club öffnete seine Türen bereits 1919. Er gilt somit als feste Instanz der Prager Partyszene. Hier kann auf drei Etagen getanzt und getrunken werden, wobei auf jeder Etage andere Musik gespielt wird. Auf den drei Etagen verteilen sich vier Bars und drei Bühnen. Die unterste Etage wird in der Regel für Konzerte genutzt, welche hauptsächlich für Indie- und Rockbands reserviert werden. Das Beste am Chapeau

Rouge? Der Eintritt ist kostenlos und die Lage sehr zentral.

Jakubská 2, 110 00, Praha 1

Cross Club

Der Cross Club liegt etwas außerhalb des Zentrums, im Stadtteil Holešovice und ist international für sein buntes Programm und sein futuristisches Erscheinungsbild bekannt. Über mehrere Räume wird hier alles geboten, was zur Kultur gehört. Neben einem Restaurant und Café, wo diverse leckere Speisen angeboten werden, gibt es ein Theater, mehrere Bühnen und Raum für Lesungen und ein Kino. Abends steht von Techno bis Metal alles auf dem Programm. Aber selbst, wenn Sie sich nicht stundenlang die Füße wund tanzen möchten, lohnt sich ein Besuch allein schon wegen der speziellen Einrichtung, welche von Science-Fiction- und Steampunk-Elementen geprägt ist. Die Veranstaltungen sind in der Regel sehr günstig oder sogar kostenlos.

Plynární 1096, 170 00 Praha 7

Bild von Jan Strecha via Pixabay

Duplex

Das Duplex ist eine der beliebtesten Adressen unter den Prager Nachtclubs. Tagsüber wird es als Café und Restaurant genutzt, abends verwandelt sich diese Lokalität in eine einzige rauschende Feier.

Gespielt wird hauptsächlich Techno und House, teilweise von den renommiertesten DJs der Szene. Vor den Türen werben Go-Go-Tänzerinnen für die Partys, im Club findet man sie auf gläsernen Würfeln inmitten der Gäste, um für Stimmung zu sorgen. Besonderes Highlight: Da das Duplex auf der 6. und 7. Etage des Václavské Náměstí mitten auf dem Wenzelsplatz liegt, hat man ganztägig einen spektakulären Blick von der Terrasse über Prag. Die Preise für Eintritt und Getränke sind verhältnismäßig nicht so günstig wie in anderen Clubs, dafür bekommt man eine umwerfende Aussicht geboten. *Václavské nám. 831/21, 110 00, Praha 1*

Palac Akropolis

Das Akropolis ist, ähnlich wie der Cross Club, ein wahres Epizentrum an Kultur. Hier findet man ein Restaurant, ein Kino, Konzertbühnen und vier verschiedene Bars, wobei jede ihr eigenes Publikum anzieht. Jährlich finden über 900 Events statt. Es bietet sich an, spontan abends vorbeizuschauen und sich vom Programm überraschen zu lassen. Da die Preise für die Veranstaltungen sehr moderat sind, kann man nicht wirklich viel falsch machen. Und zur Not bestellt man sich einfach einen der beliebten Burger und trinkt dazu ein Staropramen.

Kubelíkova 1548, 130 00 Praha 3

U Malého Glena Jazz Club

Ideal für alle, die ein eher entspannteres Umfeld in ihrem Abendprogramm mögen. Auf zwei Etagen wird hier feinster Jazz und Blues gespielt, wobei die untere Etage eher für Konzerte ausgelegt ist, während man oben gemütlich bei diversen Bieren sitzen kann und neben Jazz auch Rock und Funk auf die Ohren bekommt. Das Personal ist mehr als freundlich und freut sich über jeden gut gelaunten Gast. Neben einer großen Getränkekarte, welche keine Wünsche offenlässt, kann man auch bei kleinem oder großem Hunger sehr gut essen. Der Club achtet darauf, seine Zutaten von lokalen Märkten zu beziehen, um die beste Qualität gewährleisten zu können. Von klassischen tschechischen Gerichten über

Tex-Mex bis hin zu Bagels kann alles geordert werden. Es gibt ein breit gefächertes Programm, welches regelmäßig auf der Website ausgeschrieben wird. Schauen Sie also am besten online nach, was Sie abends im Club erwartet.

Karmelitská 374, 118 00, Praha 1

Schlecht-Wetter-Optionen - bestens gerüstet für regnerische Tage

Beim Buchen des Urlaubs gibt es leider noch immer keine Schön-Wetter-Garantie. Im Gegensatz zum klassischen Inselurlaub heißt das in Prag allerdings nicht, dass man den ganzen Tag nur auf seinem Hotelzimmer hocken muss, bis die Sonne wieder scheint. Egal, ob Sie mit oder ohne Kinder reisen, nachfolgend finden Sie einige Anregungen für großartige Stunden bei miesem Wetter. Neben unzähligen Museen für Groß und Klein bietet Prag auch eine Vielzahl an großartigen Cafés, welche vom Brunch über Livemusik einiges anbieten. Wer sich nicht den Bauch vollschlagen möchte, kann sich die Prager Kultur zu Gemüte führen. Ob Ballett, Theater oder Konzert: Hier wird 365 Tage im Jahr ein buntes Programm auf die Beine gestellt.

AKTIVITÄTEN OHNE KINDER

Erkunden Sie den Prager Untergrund

Auf den Straßen lässt es sich ohne Regenschirm nicht aushalten? Dann ab nach unten! Tschechien und damit auch Stücke von Prag wurden im Mittelalter untertunnelt. Wenn auch nicht alle Tunnel und Bunker zusammenhängen, kann man sich trotzdem einen Eindruck davon verschaffen, wie vor einigen Jahrhunderten das Leben unter der Oberfläche ausgesehen haben muss. Besonders historisch sind die alten Weinkeller und Bunker, welche während des 12. Jahrhunderts entstanden sind. Einige dieser Weinkeller grenzen an Bars, welche diese bis heute nutzen, um im Sommer ihre Getränke zu kühlen. Sehr viel später dazugekommen sind die Fußgänger-, Metro- und Fahrradtunnel sowie Atombunker. Zu letzterem gibt es eine empfehlenswerte, geführte Tour, welche Sie vorab online buchen können. "Kommunismus und Atombunker in Prag" nimmt Sie für knapp zwei Stunden mit in einen unterirdischen Atombunker aus den 50er-Jahren und bietet zudem Teile der Originalausrüstung und Gasmasken zum Anfassen. Die Guides sind bestens informiert, versprühen Leidenschaft für ihren Job und werden Ihnen mit Freude jede Frage beantworten. Generell lohnt es sich, bevor man eine Besichtigung oder Führung bucht, die Bewertungen zu lesen und nicht erst in Prag vor Ort zu buchen, da die Führungen dann meist um ein Vielfaches teurer sind.

Näheres zu der Tour finden Sie auf www.getyourguide.de.

Lernen Sie die flüssigen Schätze der Stadt kennen

Wenn Tschechien für etwas bekannt ist, dann für das exzellente Bier, was hier gebraut wird. Prag bildet dabei keine Ausnahme. Ein wichtiges Attribut des Exportschlagers ist der unschlagbare Preis. 3 Flaschen Bier kosten in den Prager Restaurants und Bars in der Regel weniger als dieselbe Anzahl an Wasserflaschen. Wer keine Lust hat, drinnen zu sitzen, kann sich schlaumachen, welche Lokalitäten einen Außenbereich haben. Viele davon sind darauf eingestellt, bei Regen eine entsprechende Abdeckung auffahren zu können, sodass man trotz des schlechten Wetters draußen sitzen kann. Bei Regen mit einem guten Bier in der Hand an der frischen Luft zu sitzen – das ist wahre tschechische Romantik.

Neben großen Brauereien wie der Staropramen-Brauerei gibt es auch viele kleine Brauereien und Braugasthöfe, welche zapffrisches Bier zur Verköstigung ausschenken. Selbst für Nicht-Biertrinker ist das ein interessantes Erlebnis.

Lohnende Orte für Bierverkostungen sind beispielsweise folgende:

Klášterní pivovar Strahov

Gegenüber dem Strahov-Kloster befindet sich diese historische Brauerei aus dem 17. Jahrhundert. Sie vereint sowohl Pub als auch

Restaurant und ist in zwei einzelne Gebäude aufgeteilt, welche von einem gemütlichen Außenbereich verbunden werden. Hier wird traditionell St. Norbert-Bier gebraut, es können aber auch andere Sorten bestellt werden. Wer zu seinem Bier noch ein gutes Essen serviert bekommen möchte, muss nur einen Blick in die Karte werfen. Hier finden sich speziell auf die Biere abgestimmte Speisen sowie traditionell tschechische Gerichte. Alles in allem sind die Biere hier etwas teurer als in den ansässigen Bars, allerdings bekommt man sie im Klášterní pivovar Strahov im stilechten Ambiente, was eine einzigartige Erfahrung ist.

Strahovské nádvoří 301, Praha 1

Novoměstský pivovar

Ein großer Komplex, bestehend aus mehreren miteinander verbundenen Kellern, Hallen, einer Scheune, sowie dem Brauereigasthaus. Dieser Ort ist spezialisiert auf gutes Essen. Es lohnt sich, nicht unbedingt zu den Stoßzeiten zu kommen, da es hier ziemlich voll werden kann. Abends gibt es Livemusik, morgens Frühstück und zu jeder Zeit köstliches Bier aller Sorten.

Vodičkova 20, Praha 1

Staropramen-Brauerei

Wer Lust hat, sich etwas erzählen zu lassen, kann diverse Touren durch die Staropramen-Brauerei buchen. Dort erfahren Sie von Ihrem Guide alles über die historischen Einzelheiten des Bieres und erhalten zudem diverse Kostproben. Die Preise für die Touren variieren je nach Länge, liegen aber im Schnitt bei 30 Euro pro Person, inklusive der Proben und Transfer zur Brauerei. Sie können auch auf eigene Faust zur Brauerei fahren und sich vor Ort im ansässigen Restaurant von der Qualität der Biere überzeugen lassen.

Nádražní 43/84, 150 00 Praha 5

Eine Stadtrundfahrt der anderen Art

Wer keine Lust auf geführte Touren mit einem Guide samt Vielzahl an Touristen oder *Hop-on-Hop-off-Busse* hat, kann sich auch bei schlechtem Wetter einer sehr guten und komfortablen Alternative bedienen. Ein großer Vorteil vom gut vernetzten Prag ist es, dass man mit den öffentlichen Verkehrsmitteln innerhalb kürzester Zeit die schönsten Viertel der Stadt durchfahren kann und dafür kaum mehr als für ein großes Eis bezahlen muss.

Wer vom Norden bis zum Süden der Stadt fahren möchte, ist mit der **Linie 17** gut beraten. Sie startet nördlich der Moldau, fährt über das Stadtzentrum entlang des Flusses und bietet vom Nationaltheater einen schönen Ausblick auf den Hradschin.

Wer lieber von Ost nach West fahren möchte, sollte die **Linie 22** wählen. Sie fährt entlang einiger der schönsten Sehenswürdigkeiten der Stadt. Setzen Sie sich nach Möglichkeit also am besten auf einen Fensterplatz. Die Tram fährt entlang der Prager Burg, dann die Serpentine zur Kleinseite herunter und bietet damit einen herrlichen Ausblick über die Stadt. Sie fährt durch das Zentrum und weiter nach Vršovice und Hostivář. Wer hauptsächlich Wert auf das Prager Zentrum mit seinen bekanntesten Sehenswürdigkeiten legt, kann eine Strecke mit der historischen **Linie 91** fahren. Sie fährt allerdings nur zwischen den Frühlings- und Herbstmonaten und hält bei den wichtigsten Attraktionen. Für eine Tram-Tour durch die Stadt bietet sich ein Tagesticket an. Dieses erhalten Sie für knapp 4 Euro, oder 110 tschechische Kronen.

Das innere Kind herauslassen im Freestyle Kolbenka

Diese Aktivität ist sowohl für Besucher ohne Kinder als auch Familien ein Highlight. Für gerade einmal 7 Euro pro Stunde können Sie in diesem Trampolin-Paradies Ihr inneres Kind von der Leine lassen und Saltos schlagen, mit dem Skateboard einen Parcours herunterfahren oder mit einem Reifen eine Rampe herunterschießen. Natürlich alles mit

Helm und in eine weiche Schaumstoffgrube. Um zum Freestyle Kolbenka zu gelangen, steigen Sie einfach in die B-Linie (gelb) und fahren Sie bis Kolbenova.

Kolbenova 898/11, 190 00 Praha 9

Real Life Mario Kart im Kart-Centrum

Was hilft besser gegen schlechtes Wetter, als sich gegenseitig mit einem Kart durch die Gegend zu jagen? Für knapp 5 Euro pro 10 Minuten kann man hier auf das Gaspedal treten. Den Weg hierher zu finden ist nicht leicht. Am besten nimmt man sich also direkt ein Uber, um sich das Umsteigen und Wartezeiten zu ersparen.

Výpadová 1335, 150 00 Praha 16

Maximale Entspannung finden bei einem Wellness-Tag

Damit sind nicht die überall verstreuten Thai-Massage-Stuben gemeint, welche hauptsächlich auf Touristen ausgelegt sind, sondern ein kompletter Wellness-Tag in einem der vielen Wellness-Hotels der Stadt. Ob Massage, Sauna, Dampfbad oder Pool: In den guten Spa-Bereichen Prags wird Ihnen all das geboten. Besonders schön: Im Vergleich zu Spas in Deutschland müssen Sie hier nicht allzu tief in die Tasche greifen. Je nachdem, welche Behandlungen oder Leistungen Sie sich wünschen, können Sie ein paar Stunden Spa mit Sauna und Schwimmbad bereits für 40 Euro pro Person bekommen. Massagen kostet je nach Länge und Art in der Regel 20 bis 40 Euro für eine halbe Stunde.

Abhängig von dem Hotel, in dem Sie Ihren Wellness-Tag verbringen möchten, können Sie sich zudem noch einige zusätzliche Annehmlichkeiten wie frisches Obst und Bier dazu bestellen, welches Ihnen direkt an den Ort des Geschehens gebracht wird. Besonders empfehlenswert sind das Hotel Hoffmeister & Spa in Malá Strana (Kleinseite), sowie das Carlo IV in Nové Město (Neustadt). Mehr dazu finden Sie unter dem Kapitel **"Hotels für jede Preisklasse – hier schlafen Sie wie ein König"**. Soviel sei gesagt: Für 2 Stunden in einer privaten finnischen Sauna mit eigenem

Ruheraum und einem römischen Stein-Bad im Lily-Wellness und -Spa des Hotels Hoffmeister & Spa zahlen Sie inklusive Verköstigung zu zweit gerade einmal 60 Euro. Wer sich bei diesen Preisen nicht entspannt, dem ist nicht mehr zu helfen. Bademäntel, Handtücher und Schlappen bekommen Sie vom Hotel gestellt. Eine frühzeitige Reservierung ist allerdings unbedingt notwendig.

Hotel Hoffmeister & Spa - Pod Bruskou 144, 118 00 Praha 1

Hotel Carlo IV - Senovážné nám. 13/991, 110 00, Praha 1

Unkonventionelle Entspannung bei einem Bier- oder Wein-Bad genießen

Wer lieber eine etwas andere Form der Entspannung ausprobieren möchte, dem sei ein Bier- oder Wein-Bad im Lázně Pramen in Dejvice ans Herz gelegt. Hier wird für 1 bis 3 Stunden in einem Fass mit Bier- oder Weinzugabe gebadet, was nicht nur eine nette Abwechslung ist, sondern in beiden Fällen wohltuende Auswirkungen auf die Haut hat. Bei der Biervariante erhalten Sie ein Glas und können sich unbegrenzt **Kynšperský Zajíc** aus Ihrem eigenen Zapfhahn neben dem Fass ziehen, bei der Weinvariante gibt es je nach Belieben eine Flasche Rot- oder Weißwein dazu. Anschließend können Sie sich bei Kaminfeuer im Heu-Bett entspannen und wem das noch nicht genug ist, der kann für zusätzliche Gebühren in ein Saunafass aus Zedernholz umziehen und sich anschließend massieren lassen. Die Kosten belaufen sich für 2 Personen und 2 Stunden auf 200 Euro, sprich 100 Euro pro Person.

Dejvická 255/18, 160 00 Praha

Bio Oko Kino

Der Klassiker unter den Schlecht-Wetter-Alternativen: Der Kinobesuch. Aber anstatt in eines der überfüllten Kinos mit 30 Vorstellungen pro Tag zu gehen, könnten Sie das lokale Bio Oko Kino unterstützen. Neben einer individuellen Filmauswahl, abseits der klassischen

Blockbuster, können Sie hier an der hauseigenen Kino-Bar ein Bier trinken, während Sie auf Ihre Vorstellung warten. Am besten schauen Sie auf der Website des Kinos nach der aktuellen Filmauswahl.

15, Františka Křížka 460, 170 00 Praha 7

AKTIVITÄTEN MIT KINDERN

Dem Regen entfliehen im Prager Zoo

Dieser Ausflug ist nicht nur etwas für Regentage und wird nicht nur die Kleinen begeistern. Der Prager Zoo zählt zu den beliebtesten Tierparks der Welt und das nicht ohne Grund. In 12 Tierhäusern, wie beispielsweise dem indonesischen Dschungel, wird man auf kreative und spannende Art in den natürlichen Lebensraum der Tiere eingeführt und ist bestens geschützt vor Regen. Insgesamt leben knapp 700 verschiedene Tierarten auf dem Gelände. Die einzelnen Areale der Tiere wurden mit viel Liebe zum Detail angelegt. So findet man im indonesischen Dschungel neben einem Wasserfall und hoher Luftfeuchtigkeit auch die Dark Zone. Dort leben ausschließlich nachtaktive Tiere, wie beispielsweise Flughunde, welche hier frei um die Besucher herumfliegen. Weitere Highlights sind das Katzenhaus, in dem Sie neben Sumatra-Tigern, Geparden, Leoparden und weiteren Großkatzen auch Reptilien finden werden, welche sich das Haus mit den Katzen teilen, die Afrikanische Savanne, welche auf 2,5 Hektar Giraffen, Zebras und weitere Tiere beheimatet. Insbesondere dieses Areal bietet viel Platz für seine Bewohner und gewährleistet ein möglichst stressfreies Leben für die Tiere, da die Besucher das Gehege über eine Aussichtsplattform betrachten können, jedoch nicht unnötig nah an die Tiere herankommen. Auch die Lage des Zoos hebt ihn stark von anderen ab.

Da er teilweise auf einem Berg liegt, bietet die Lage zum einen abwechslungsreiche Spaziergänge und zum anderen den perfekten Lebensraum für Bergbewohner wie Steinböcke und Berberaffen. Da der Zoo enorm groß ist, werden Sie es kaum schaffen, alles an einem Tag zu sehen. Je nachdem, wie lang ihr Urlaub geplant ist, wäre es also eine Überlegung wert, sich ein Ticket für mehrere Tage zu kaufen. Alternativ bietet sich für einen Tag ein Familienticket an. Für zwei Erwachsene und zwei Kinder zahlen Sie hier gerade einmal 600 Kronen, was umgerechnet knapp 15 Euro entspricht. Wer ein besonderes Erlebnis für die Kleinen schaffen möchte, kann auch mit dem Schiff zum Zoo fahren.

U Trojského zámku 3/120, 171 00, Praha 7

Petřín-Hügel mit Spiegellabyrinth

Eines der Lieblingsausflugsziele der Locals ist der Petřín-Hügel. Er befindet sich unweit der Prager Burg und bietet neben diversen Parkanlagen einen Aussichtsturm und ein Spiegellabyrinth. Für längere ruhige Spaziergänge ist dieses Areal also wie geschaffen. Teile des Geländes sind Apfel- und Birnengärten, bei denen man sich saisonal je nach Belieben bedienen kann. Im Gegensatz zu vielen anderen Attraktionen der Stadt ist diese eher weniger von Touristen belagert und eignet sich damit ideal, um eine Pause von der turbulenten Stadt zu machen und etwas Energie in den Grünanlagen zu sammeln. Direkt gegenüber von der Tram-Haltestelle Újezd, welche Sie mit diversen Tramlinien erreichen, finden Sie die bekannte viktorianische Seilbahn. Diese fährt in der Regel alle zehn bis fünfzehn Minuten und bringt Sie innerhalb von fünf Minuten direkt auf den Hügel. Gerade an verregneten Tagen ist das ein schöner Ausflug für Groß und Klein. Neben einem dem Eifelturm nachempfundenen Aussichtsturm finden Sie das berühmte Spiegellabyrinth, welches für Kinder eine willkommene Abwechslung zum Sightseeing darstellt. Mit einunddreißig regulären Spiegeln und vierzehn irreführenden Spiegeln liegt es an Ihnen, den Weg nach draußen zu finden.

Petřínské sady, 118 00 Praha 1

Adrenalin und Entspannung finden im Aquapalace

Dieser Ort ist ein richtiger Happy Place für Groß und Klein und bietet

Ihnen und Ihren Kleinen einen kompletten Tag voller Unterhaltung. Kinder können sich hier auf über 9000 m^2 an den Wasserrutschen und Schwimmbecken austoben. Sogar das Wrack eines Piratenschiffes findet man hier. Für Babys und Kleinkinder gibt es ein Planschbecken und eine Minirutsche. Die großen Besucher bekommen hier auch einiges geboten. Für sie gibt es eine geschlossene Saunalandschaft, welche mit diversen Saunas für absolute Entspannung sorgt. Auch ein Außenbereich mit einigen Attraktionen ist angelegt, welcher im Sommer sogar einen gebräunten Teint neben dem Spaß zulässt. Der Aquapalace ist am besten mit dem Auto oder einem der stündlich kostenlos fahrenden AQUA-BUSSE von der Metro Opatov (Linie C) zu erreichen. Die Kosten belaufen sich inklusive aller Leistungen für Erwachsene auf ca. 20 Euro. Kinder unter 100 cm können den Aquapalace kostenlos besuchen. Größere Kinder müssen ca. 15 Euro Eintritt zahlen.

Pražská 138, 251 01 Čestlice

Bunte Unterwasserwelten erkunden im Haus des Meeres

Wer jetzt genug davon hat, selbst im Wasser zu schwimmen, kann sich im Mořský svět, oder auch "Haus des Meeres", die Bewohner des Meeres in einigen groß angelegten Aquarien ansehen. Gut angebunden in dem Stadtteil Holešovice liegt die bunte Unterwasserwelt und wartet mit Korallenbänken, einem Haifischbecken, Rochen und Muränen auf. Im Haibecken gibt es eine Besonderheit zu sehen. Hier wurde ein versunkenes Schiff, nach dem Model der berühmten Bounty, zu Wasser gelassen und bietet so den idealen Raum für Haie, um auf Erkundungstouren zu gehen. Wer ein Andenken für seine Liebsten mitnehmen möchte, kann aus dem Shop des Mořský svět Haifischzähne, Muschelketten und vieles mehr mitnehmen. Die Ticketpreise liegen für ein Familienticket bei rund 30 Euro. Ein Einzelticket für einen Erwachsenen kostet 12 Euro.

Výstaviště, 170 00 Praha 7

Museumsbesuche, welche selbst die Kleinsten begeistern werden

Schon klar, es bedarf immer etwas Überzeugungsarbeit, um Kinder zu einem Museumsbesuch zu bewegen. Allerdings bietet Prag eine so große Auswahl an kindertauglichen Ausstellungen, dass die Kleinen nach kurzer Zeit vergessen werden zu schmollen und sie aufgeregt durch die Räumlichkeiten ziehen werden.

Spielzeug aus vergangenen Jahrhunderten im Spielzeugmuseum bestaunen

Ohne Zweifel: Die Prager Burg ist immer einen Besuch wert. Wenn es aber darum geht, vor allem etwas Spannendes für Ihre Kleinen zu finden, ist das Bestaunen von Gebäuden meistens nicht so weit vorne mit dabei. Egal, wie barock ihre Bauweise ist. Jedoch befindet sich auf dem Gelände der Prager Burg auch das Spielzeugmuseum, welches Ausstellungsstücke von Spielzeug aus den vergangenen Jahrhunderten beherbergt. Auf zwei Etagen finden sich die verrücktesten Unikate, wie beispielsweise aus über 100 verschiedenen Barbiepuppen, welche Teil der Sammlung von Filmemacher Ivan Steiger sind.

Jiřská ulice/Georgengasse 6, Praha 1

Wenn sich die Kleinen einmal ganz groß fühlen möchten – ab ins Miniaturmuseum

Gelegen im Prager Burgviertel muss man etwas genauer hinsehen, um diese Ausstellung zu finden. Von außen eher unauffällig findet man drinnen ein echtes Highlight unter den Museen. Durch Mikroskope kann man sich eine Welt ansehen, die für das bloße Auge sonst kaum erkennbar wäre. Hier wurden mit viel Liebe zum Detail und echtem Handwerk eindrucksvolle Werke geschaffen. So gibt es beispielsweise ein Konterfei von Beethoven, welches in einem Mohnkorn verewigt wurde. So viel Fingerspitzengefühl und Genauigkeit findet man selten.

Strahovské nádvoří 11, 118 00 Praha 1

Für Naschkatzen – alles über die Schokolade im Schokoladenmuseum

Wenn alle Überzeugungsversuche für einen Museumsbesuch scheitern, dann hilft immer noch die Karte mit dem Schokoladenmuseum. Hier warten nicht nur die interessante Hintergrundgeschichte zur Entstehung und Herstellung der beliebten Leckerei, sondern auch Einblicke in die Produktion und anschließende Auswahl aus vielen Süßigkeiten im Museumsshop. Zur Belohnung warten Lutscher, Pralinen und Bonbons auf Abholung. Wenn Sie online Ihr Ticket über einen der Anbieter, wie beispielsweise ***getyourguide*** buchen, ist meist eine Schokoladen-Verkostung und Workshops zur Herstellung der Schokolade mit inbegriffen. Der Kostenpunkt beläuft sich auf ca. 15 Euro.

Celetná 15, 110 00, Praha 1

Marionettentheater

Das Prager Puppentheater ist international bekannt und steht für Geschichte, Kultur und höchste Handwerkskunst. Besonders beliebt ist die Aufführung der Oper von Mozart. Dieser war selbst bei der Premiere des Stückes "Don Giovanni" um 1787 auf der Bühne und zog das Publikum in seinen Bann. Heutzutage kann man sich neben Don Giovanni beispielsweise auch die Zauberflöte von Mozart ansehen. Die lebensgroßen Puppen werden vor allem die kleinen Zuschauer in Verbindung mit der Musik verzaubern. Die Ticketpreise variieren, liegen aber im Schnitt bei einer Onlinebestellung bei circa 18 Euro und vor Ort bei knapp 30 Euro.

Žatecká 1, 110 00 Praha 1

DER PERFEKTE TAG IN PRAG – EIN BEISPIEL

Da es in Prag so unfassbar viel zu erleben und zu sehen gibt, ist hier eine Anregung für einen Tagesablauf, mit dem Sie garantiert schöne 24 Stunden in der Stadt verbringen. Sollten Sie sich also nicht entscheiden können, womit Sie einen freien Urlaubstag füllen sollten, liegen Sie bei diesen Optionen in jedem Fall goldrichtig.

7:00-8:00 Uhr

Wer den Tag bestmöglich ausnutzen und ihn nicht gleich dicht an dicht mit Touristen gedrängt beginnen möchte, der schläft am besten nicht bis 9 Uhr morgens. Ideal wäre es, wenn Sie sich mindestens einen Morgen aussuchen, an dem Sie den Sonnenaufgang hin zur Prager Altstadt sehen können. Sollten Sie also nicht schon ein Hotel in auf der Kleinseite und Umgebung haben, empfiehlt es sich, nach *Malá Strana* zu spazieren und dem **Vltava Beach** einen Besuch abzustatten. Je nachdem, in welchem Monat Sie nach Prag reisen, müssen Sie dafür natürlich eher oder später aufstehen. In den Wintermonaten geht die Sonne zwischen 7:30-8:00 Uhr auf, in den Sommermonaten zwischen 4:30-6:00 Uhr. Früh aufstehen lohnt sich allerdings für diesen Anblick. Der Vltava Beach ist ein mit Sand aufgeschütteter Abschnitt, von welchem aus ein direkter Wasserzugang zur Moldau existiert.

Dieser wird hauptsächlich von den dort ansässigen Schwänen und Enten genutzt, welche jeden Morgen ihr Frühstück von Anwohnern und Touristen bekommen. Dementsprechend sind die Vögel sehr zahm und kommen in größeren Gruppen an Land. Von diesem Abschnitt aus hat man einen wunderschönen Blick in Richtung Prager Altstadt und der dahin führenden Karlsbrücke. Genießen Sie den Anblick der langsam aufwachenden Stadt, dass Watscheln der Vögel und die leichten Wellen, welche ans Ufer gespült werden.

Um zum Vltana Beach zu kommen, müssen Sie über die Mánes-Brücke nach *Malá Strana* gehen und sich von dort aus rechts an der

Wasserseite halten. Der Abschnitt ist aber auch schon von der Brücke aus gut zu sehen, da sich bereits in den frühen Morgenstunden zahlreiche Schwäne und Enten am Ufer tummeln.

8:30-9:30 Uhr

Von hier aus wird es Zeit für ein Frühstück. Schließlich müssen Sie gut gestärkt in den langen Tag gehen. Wir steuern ein gemütliches Café mit einem absolut unaussprechlichen Namen. Das **Cukrkávalimonáda** liegt unweit der Karlsbrücke etwas abseits der von Touristen überlaufenen Straßen und bietet eine etwas kleinere Frühstücks- und Mittagskarte mit durch und durch hochwertigen Produkten, welche größtenteils aus der Region bezogen werden. Von Sandwiches über Ei-Speisen bis hin zu Salaten und frischgebackenen Kuchen kann hier alles auf Ihrem Teller landen.

Cukrkávalimonáda – Lazenska 7, 118 00, Praha 1

10:00-11:00 Uhr

Gut gestärkt und mit Koffein im Blut geht es weiter Richtung **Prager Burg**. Die Stärkung ist auch dringend nötig, da unser bevorzugter Weg zur Prager Burg über die alte Schlossstiege von der Station Malostranské náměstí geht und das Erklimmen einiger Treppenstufen und Steigung mit sich bringt. Sie werden jedoch umgehend belohnt. Sobald Sie oben angekommen sind, erstreckt sich vor Ihnen der wunderschöne Ausblick über die Stadt. Das Beste: Für diesen Ausblick müssen Sie nichts bezahlen und Sie haben zusätzlich den majestätischen Einschlag des Burganwesens im Nacken. Wenn Sie sich satt gesehen haben, geht es weiter ins Innere. Zugegeben, auch die Prager Burg und das Burganwesen werden tagsüber voll und es lohnt sich definitiv, abends noch einmal wiederzukommen und ohne all die Touristen die Schönheit der Bauten zu genießen, aber wir haben hier später noch eine Verabredung. Auf dem Burggelände gibt es einiges zu sehen. Neben dem eindrucksvollen Veitsdom, der goldenen Gasse, der Wachablösung, den vielen Gartenanlagen entlang der Burg oder der Nationalgalerie, kann man sich hier herrlich die

Zeit vertreiben. Sie können sich auch Tickets für den Veitsdom oder die Prager Burg kaufen. Diese sind allerdings verhältnismäßig teuer.

Prager Burg – Hradčany, 119 08 Praha 1

12:30 Uhr

Gegen 12:30 Uhr machen wir uns auf zum Lobkowicz-Palast, dem einzigartigen barocken Konzertsaal in der Prager Burg. Hier findet regelmäßig ein Mittagskonzert der klassischen Musik statt. Eine Gruppe professioneller Musiker spielt Stücke von Mozart, Bach, Beethoven und Co., welchen Sie in diesem magischen Ambiente lauschen dürfen. Tickets für die Veranstaltungen finden Sie auf www.getyourguide.de für knapp 23 Euro.

Lobkowicz-Palast – Jiřská 3, 119 00 Praha 1

14:00 Uhr

Von der Prager Burg geht es in einem 15-minütigen Spaziergang zur **John-Lennon-Wall.** Dafür müssen Sie nur zur Wasserseite herunterlaufen und sich rechts an den **Kampa Park** halten. Die Streetart-Mauer kommt rechts nach dem John Lennon Pub, auf den Sie direkt zu laufen. Wer keine Lust auf einen Spaziergang hat, kann natürlich auch mit der Tram fahren. Bei schönem Wetter lohnt sich der Gang durch den Kampa Park allerdings. An der Mauer angekommen können Sie sich auf die Suche nach Ihrem liebsten Graffiti/Gemälde machen. Die Mauer ist ein Stück Kunst, was sich stetig ändert. Der Grundgedanke hinter diesem Mauerstück ist es, sowohl John Lennon als auch seiner Haltung für den Frieden zu gedenken. Touristen aus allen Ecken der Erde verewigen sich hier und setzen so gemeinsam ein Zeichen für Gleichheit und Nächstenliebe.

John-Lennon-Wall – Velkopřevorské náměstí, 100 00 Praha 1

15:30-16:00 Uhr

So langsam knurrt der Magen und es wird Zeit, sich für den restlichen Tag zu stärken. Also geht es weiter Richtung Prager Altstadt. Ein Vorteil davon, entweder etwas früher oder später Abendessen zu gehen, ist, dass die Restaurants in der Regel nicht so stark überfüllt sind und Sie unter Umständen auch ohne Reservierung einen Tisch bekommen. So etwas ist in Prag nämlich absolute Glückssache, da die Locals es lieben, essen zu gehen und Reservierungen hier üblich sind. Für das folgende Restaurant sollten Sie in jedem Fall eine Reservierung tätigen. Es kann risikoreich sein, in der Altstadt essen zu gehen, wenn man sich vorher nicht informiert hat, welche Restaurants ihr Geld auch wert sind. Deswegen geht es zu einer Adresse, welche zu den besten Prags gehört. Wenn Sie nur einen Tag in der Stadt verbringen würden, wäre dieses Lokal in der Top 3 aller Restaurants der Stadt, die Sie besuchen sollten. Das **Next Door** ist der Restaurantableger des berühmten Café Imperial, welches direkt gegenüber liegt und vom tschechischen Starkoch Zdeněk Pohlreich geführt wird. Das Konzept ist ungewöhnlich und einzigartig, da es eine Mischung aus Restaurant und Bistro ist.

So lässt sich zu jeder Tageszeit das passende finden. Ja, um hier zu essen muss man etwas tiefer in die Tasche greifen, dafür bekommt man nicht einfach nur tschechische Spezialitäten, sondern das qualitativ hochwertigste und regionale Fleisch, erstklassigen Service, bei dem Ihnen die Dumplings frisch vom Personal auf Ihren Teller am Tisch angereicht werden und eine Umgebung, welche ihresgleichen sucht.

Das Next Door Interior wurde vom bekannten italienischen Architekten Luciano Belcapo entworfen und versetzt Sie in eine Atmosphäre, welche Sie dieses kulinarische Erlebnis nicht wieder vergessen lassen wird. Wenn Sie sich unsicher sind, was Sie bestellen sollen, dann können Sie mit Svíčková nicht viel falsch machen. Dieses Gericht ist typisch für die böhmische Küche. Feinstes Roastbeef, welches fast von allein zerfällt, in einer cremigen Fleisch- und Gemüsesoße mit Brot Dumplings und Cranberry-Kompott finden sich nach der Bestellung auf Ihrem Teller. Nehmen Sie für die Anreise am besten die Tram 15 von Malostranské náměstí zur Station Náměstí Republiky. Knapp eine Viertelstunde später haben Sie Ihr Ziel erreicht.

Next Door by Imperial - Zlatnická 3, 110 00 Praha 1

17:30-18:30 Uhr

Wie könnte man den Tag schöner ausklingen lassen, als mit einem Glas Wein oder Bier in der Hand dem Sonnenuntergang auf der Moldau entgegenzufahren? Angebote dafür gibt es viele und es empfiehlt sich, bereits von Deutschland aus zu buchen, da die Touren vor Ort in der Regel wesentlich teurer sind. Eine knappe Stunde inklusive eines Glases Prosecco, Käse und Guide kostet beispielsweise circa 18 Euro. Eine Abendfahrt um 18 oder 19 Uhr kostet gerade einmal 14 Euro. Von hier aus können Sie gemütlich einige der schönsten Sehenswürdigkeiten Prags bestaunen, ohne sich an einer Schar Touristen vorbeidrängen zu müssen. Besonders schön: Bei Einbruch der Dämmerung sind viele der Prager Wahrzeichen und Häuser beleuchtet. Die Prager Burg bildet dabei das Highlight. Wunderschön beleuchtet thront sie über der Stadt. Vom Next Door aus können Sie mit der Tram 15 von Náměstí Republiky in knapp 10 Minuten nach Čechův most fahren. Dort liegt die Grande Bohemia. Eines von mehreren Booten mit einem Wasser-Sightseeing-Angebot.

Bootsfahrt – Pier 5, Dvořákovo Nábřeží, 110 00 Josefov, Praha 1

19:00-20:00 Uhr

Zu guter Letzt wird ein gebührender Absacker in einer Prager Bar mit Wohlfühlfaktor verköstigt. Diese Bar besucht man einmal und möchte danach immer wieder kommen. Um dorthin zu gelangen, können Sie entweder eine gemütliche Viertelstunde nach Malá Strana auf die andere Seite der Moldau spazieren, oder Sie nehmen wieder die Tram 15 von Čechův most nach Malostranské náměstí. 10 Minuten später stehen Sie vor den Türen des **Bluelight**. Die Bar hat den Charme eines schummrigen Treffpunkts der durchtriebenen Schickeria und kerniger Prager Urgesteine, jedoch ist hier jeder willkommen. Geraucht werden muss vor der Tür und die Toiletten sind immer sauber. Ob an den Wänden, auf den Tischen oder auf der Bar – hier finden sich auf jedem Zentimeter eingeritzte Nachrichten und Signaturen ehemaliger Bar-Gäste. Für den Durst wird hier einiges geboten. Die Cocktailkarte ist exzellent. Die Gläser werden bis zum Rand gefüllt und die Preise sind mehr als fair. Besondere Empfehlung ist der Blue Devil Cocktail. Eine Mischung aus Beefeater Gin, Bols Blue, Limettensaft und Zuckersirup. Ein großer Cocktail kostet hier im Schnitt 4,50 Euro. Einen schöneren Ausklang für einen Tag in Prag kann man kaum finden. Hier sitzen Sie inmitten der Locals und können, je nach Lage Ihres Hotels, in 2 Minuten zu Fuß über die inzwischen menschenleere Karlsbrücke zurück in Ihr Zimmer spazieren. Wer noch nicht müde ist, kann sich entweder auf den Weg zur Prager Partymeile machen oder einen Irish Pub mit Livemusik besuchen. Mehr dazu finden Sie unter "**Nachts in Prag – hier wird gefeiert und getrunken**". *Bar Bluelight – Josefská 42/1, 118 00 Praha 1*

Prag und seine Stadtteile – was sich wo wirklich lohnt

Auch wenn Prag an und für sich nicht besonders groß ist, kann es schwierig werden, einen Überblick über die Stadtteile zu behalten und sich zurechtzufinden. Auch wenn sich der Großteil des touristischen Lebens in der Prager Altstadt abspielt, so gibt es viel mehr zu sehen und zu erkunden, wenn man die Prager Kultur und insbesondere das Leben der Locals etwas besser verstehen möchte.

ALTSTADT UND JÜDISCHES VIERTEL

Beginnen wir mit dem wohl bekanntesten Stadtteil Prags. Die Altstadt, oder auch **Staré Mĕsto**, gibt es seit 1232. Ihre Häuserfassaden zeugen von historischen Ereignissen und sind in den schönsten architektonischen Stilen gehalten. Von gotischen und barocken Bauten über renaissanceträchtige Wohnhäuser und klassizistische Kirchen und Theater erzählen hier viele Gebäude von ihrer Geschichte. Ein Highlight für Touristen ist die astronomische Uhr, welche zu jeder vollen Stunde einen Blick auf ihre Apostel freigibt, welche seit 300 Jahren in ihr versteckt sind. Bevor Ihre Erwartungen jetzt allerdings zu hoch angesetzt sind – extra für den Anblick der Apostel muss man nicht in die Altstadt kommen. Wenn Sie ohnehin auf der Ecke sind, lohnt es sich schon, einmal kurz davor stehen zu bleiben, allerdings ist das Schauspiel zur vollen Stunde auch binnen kürzester Zeit vorbei und Sie stehen in der Regel eng gedrängt zu anderen Schaulustigen. Da ist es wesentlich entspannter, sich die astronomische Uhr nach einem Abendessen in der Prager Altstadt anzusehen, wenn die meisten Touristen schon wieder in ihr Hotelzimmer verschwunden sind.

Im geschichtlichen Kontrast zur prunkvollen Altstadt steht das

jüdische Viertel. Die jüdische Gemeinde hatte bekannterweise nicht gerade die einfachste Vergangenheit. Prag war da leider keine Ausnahme. Ab dem 10. Jahrhundert begannen Juden bereits, sich in der Stadt niederzulassen. Nach einigen heftigen Pogromen fand sich die jüdische Minderheit zusammengepfercht im damaligen Getto Josefstadt vor, was früh den Begriff des jüdischen Viertels prägte. Die Zustände zu dieser Zeit waren verheerend. Bis 1848 war es den Juden nicht erlaubt, Josefstadt zu verlassen und sich im Rest der Stadt aufzuhalten. Immer wieder wurden die Bewohner von Josefstadt Opfer antisemitischer Gewaltakte. Große Teile von Josefstadt wurden Ende 1890 bis 1910 abgerissen und neu aufgebaut. Jedoch wurden einige Synagogen und der jüdische Friedhof erhalten. Wer tiefer in den geschichtlichen Teil dieses Viertels eintauchen möchte, kann sich diverse Führungen buchen. Bei diesen Führungen werden in der Regel die drei wichtigsten Synagogen und der Friedhof besucht. Die Preise für diese Führungen liegen im Schnitt bei 40 Euro.

NEUSTADT

Das Viertel, welches ursprünglich von Kaiser Karl IV. als unabhängige Königsstadt mit eigener Rechtsordnung geplant war, steht heute ganz im Zeichen der Wirtschaft. Den zentralen Punkt bildet der Wenzelsplatz, welcher eigentlich als Pferdemarkt angedacht war. Später war er vor allem Zentrum für politische Proteste und Kundgebungen. Wer heute über den Wenzelsplatz spaziert, sieht hauptsächlich Touristen beim Bummeln. Generell war die Erbauung des Viertels durch den Kaiser eine außergewöhnliche Leistung hinsichtlich der Planung. Angedacht war es, durch die Verkleinerung der Städte eine Großstadt entstehen zu lassen, welche als Zentrum des Handels in Mitteleuropa fungieren sollte. Auch heute blühen hier die Wirtschaft und der Tourismus. Neben Sehenswürdigkeiten wie dem tanzenden Haus, dem Wenzelsplatz und dem Nationaltheater findet man hier zahlreiche Möglichkeiten, um Geld auszugeben. Viele gute Cafés und Restaurants sind hier ansässig. Was beim

Durchlaufen sehr modern und zeitgemäß wirkt und vermuten lässt, dass Viertel wäre erst kürzlich errichtet worden, lässt beim genaueren Hinsehen tief in die historische Vergangenheit blicken. Es lohnt sich also, hier nach der Shopping-Tour oder einem Abendessen durch die Gassen hinter der Hauptstraße zu spazieren und sich die Fassaden etwas genauer anzusehen. Südlich vom Wenzelsplatz findet man den Karlsplatz, welcher das Neustädter Rathaus beheimatet. Dieses Gebäude, welches seine Ursprünge im 14. Jahrhundert findet, war Schauplatz des historischen ersten Prager Fenstersturzes. Während gewalttätiger Ausschreitungen zwischen Hussiten und Katholiken wurden hier einige Ratsherrn aus dem Fenster gestoßen. Wer sich noch grob an seinen Geschichtsunterricht erinnern kann, wird wissen, dass es insgesamt drei Prager Fensterstürze gegeben hat. Dazu sei gesagt, dass beim dritten Prager Fenstersturz nicht eindeutig geklärt werden konnte, ob es sich beim Ableben des tschechischen Politikers Jan Masaryk um Mord oder Selbstmord handelte. Er wurde im September 1948 tot unter seinem Badezimmerfenster aufgefunden. Trotz all der Spekulationen schien es eine Zeit lang fast in Mode zu sein, Menschen in Prag aus Fenstern zu werfen.

KLEINSEITE UND SMÍCHOV

Malá Strana, wie die Kleinseite in Prag genannt wird, war früher für knapp 500 Jahre eine eigenständige Stadt. Sie liegt unterhalb der Prager Burg und beheimatet bis heute einige der schönsten Sehenswürdigkeiten Prags. Durch ihre gute Anbindung an die Altstadt durch die Karlsbrücke ist sie eine gute Wahl für Hotels. Hier findet man weitaus weniger Touristen als auf der anderen Seite der Karlsbrücke und trotzdem ist man mittendrin. Die Kleinseite war früher die Wahlheimat des Adels und auch Franz Kafka wohnte hier einige Zeit lang. Sein Haus in der goldenen Gasse des Prager Burgareals kann man bis heute besichtigen. Wo wir gerade dabei sind: Wer nach Malá Strana kommt, sollte der Prager Burg einen Besuch abstatten. Dort bekommt man ein gutes Gefühl dafür, wie das Leben in diesem Viertel vor einigen hundert Jahren ausgesehen haben muss. Fernab vom Adel und der Historie gibt es in der Kleinseite eine Vielzahl an empfehlenswerten Restaurants, Cafés und Bars. Hierherzukommen lohnt sich also.

Bild von Tom Grunbauer via Unsplash

Smíchov gilt als eines der Wohn- und Industrieviertel Prags. Wer auf der Suche nach dem echten Leben fernab der Touristen ist, der wird sich hier schnell wohlfühlen. In Smíchov gehen die Locals essen, trinken und tanzen und auch die Architektur fällt ins Auge. Wer sich für die Geschichte des Bieres und seine Herstellung interessiert, sollte der Staropramen-Brauerei, welche hier ansässig ist, einen Besuch abstatten. Der Kinský-Garten, welcher unter dem Laurenziberg bis zur Prager Burg verläuft, bietet eine schöne Möglichkeit für Spaziergänge. Der Name ist geprägt von der Adelsfamilie Kinský, welche in der ersten Hälfte des 19. Jahrhunderts viele der Anwesen und Weinberge kaufte, um sich einen Sommersitz mit Park anlegen zu können. Hier gibt es das bekannte Lustschlösschen, diverse Statuen und Wasseranlagen wie Teiche und Wasserfälle. Über die Jahre wurde die Parkanlage immer durch weitere Deko-Elemente ergänzt. Der Park bietet an mehreren Punkten eine wunderschöne Aussicht auf die Stadt und die Moldau und verbreitet so seine ganz eigene Romantik.

Petřín, 150 00, Praha 5

DER KUNST SO NAH IN DER MEETFACTORY

Wer sich gern etwas mehr mit dem kulturellen Aspekt des Viertels beschäftigen möchte, der sollte unbedingt bei der MeetFactory mit den zwei roten Autos am Eingang vorbeischauen. Gegründet wurde Sie ursprünglich 2001 vom Künstler David Černý, welcher eine Plattform für tschechische und ausländische Künstler schaffen wollte, um in den gegenseitigen Austausch zu treten und gemeinsam neue Projekte zu schaffen. Hier findet jede Richtung der zeitgenössischen Kunst ihren eigenen Raum und wird dem breiten Publikum angeboten. Von Theater über Film, Literatur und bildende Kunst wird alles aufgenommen und in der ehemaligen Glasfabrik vorgestellt. Aufgrund internationaler Partner und dem regen Austausch in der Szene kann es gut sein, dass Sie hier die nächsten Stars von morgen live und in Farbe erleben können. Die MeetFactory war bereits für mehrere Künstler ein Sprungbrett auf dem Weg nach oben. In drei verschiedenen Galerien können Sie sich einen Eindruck von den aktuellen Arbeiten der Künstler verschaffen und das Programm genießen, welches Sie am besten vorher auf der Website des Verbandes nachschlagen. Wer dabei Durst bekommt, kann sich an der Bar ein paar kühle Getränke besorgen. Übrigens arbeitet die MeetFactory eng mit dem Goethe-Institut Prag und dem Künstlerhaus Bethanien zusammen, was es jedes Jahr vier deutschen Künstlern ermöglicht, einen Platz zum Arbeiten anzutreten. Allein dafür lohnt es sich schon, den Verband zu unterstützen und sich ein bisschen Kultur zu gönnen. Der Weg zur MeetFactory ist mit der Tram ein wenig kompliziert, aber machbar. Schauen Sie am besten ein paar Stunden vor der Veranstaltung nach, wie Sie am besten dorthin kommen.

Ke Sklárně 3213/15, 150 00 Praha 5

AUF EIN PAAR KÜHLE BLONDE IN DIE STAROPRAMEN-BRAUEREI

Die Brauerei ist ein Ort mit Geschichte. Hier wird nicht einfach nur Bier gebraut. Zum einen sorgt die Staropramen-Brauerei unter anderem dafür, dass das Prager Bier weit über die Ländergrenzen hinaus bekannt ist, zum anderen hat sie ihre Rolle als Kulturträger verstanden und bietet neben Restaurants und einem Bierlokal auch regelmäßig Konzerte und andere Veranstaltungen an, um den Grundgedanken des Exportschlagers zu unterstreichen. Frei nach dem Motto „Kommt zusammen und lasst uns gesellig sein", wird hier nicht einfach nur im stillen Kämmerlein Bier produziert. Es gibt viele Möglichkeiten, sich die Brauerei anzusehen. Sei es über die beliebte audiovisuelle Besichtigung, bei der sich die Brauerei und ihre Bierherstellung vorstellt, oder über eines der Events, welche die Brauerei regelmäßig über ihre Website und Social-Media-Kanäle bekannt gibt. Meistens werden tschechische Rock- und Hip-Hop-Bands eingeladen, hin und wieder aber auch bekannte ausländische Bands, wie beispielsweise Billy Talent. Wer nur zum Essen und Trinken kommen möchte, kann das im Potrefená Husa tun, was zu Deutsch so viel wie "Getroffene Gans" bedeutet. Hier können Sie in echter Brauerei-Atmosphäre braufrisches Bier von nebenan trinken. Was will man mehr?

Nádražní 43/84, 150 00 Praha 5

HRADSCHIN/HRADČANY

Der Begriff Hradschin, oder auch Hradčany, ist in Prag doppelt belegt. Wenn man davon spricht, zum Hradschin zu gehen, kann man damit sowohl die Burg im Allgemeinen meinen als auch das Viertel auf dem Burgberg. Und auch wenn die Burg natürlich im Zentrum des Viertels steht, hat Hradschin noch einiges mehr zu offerieren. Früher bestand diese Gegend neben einem Herrschaftssitz nur aus Wäldern und wurde hauptsächlich zum Jagen besucht. Mit der Zeit verlagerten die

Bediensteten der Burg ihren Wohnsitz in dieses Gebiet, was zur Folge hatte, dass es im 14. Jahrhundert zu einer eigenen Stadt erklärt wurde. Mit einem Großbrand um 1541 wurde das Gebiet langsam wiederaufgebaut, was den Grundstein für das heutige Aussehen der Burgvorstadt gelegt hat. Nach und nach zog immer mehr Prunk in Form von Adelspalästen ein. Ein großer Teil davon kann auch heute immer noch besichtigt werden. Im 18. Jahrhundert schloss sich Hradschin über Eingemeindung der Stadt Prag an. Heute umfasst das Burgareal drei Schlosshöfe und mit ihnen viele wunderschöne Bauten, welche insgesamt circa 7 Hektar Land einnehmen. Für nähere Informationen zur Prager Burg schauen Sie unter dem Kapitel "Sehenswertes in der goldenen Stadt – einmal entlang der Moldau" nach.

DEJVICE, HOLEŠOVICE, BUBENEČ UND TROJA

Dejvice liegt nördlich der Prager Burg und reicht weit zurück in die Entstehungsphase des früheren Prags. Was früher hauptsächlich für landwirtschaftliche Zwecke genutzt wurde, hat sich mit der Zeit zu einem wunderschönen Villenviertel gemausert.

Östlich von Dejvice findet sich Bubeneč, welches im 17. Jahrhundert vom Adel umfassend zu einer romantischen Oase ausgebaut wurde. Das königliche Wildgehege ist heute ein Naturdenkmal und bietet einen Zufluchtsort inmitten der hektischen Stadt. Mit seinem Sommerschloss des Statthalters, dessen Entstehung weit ins Mittelalter hineinreicht und dem Rudolph-Stollen, welcher für seinen Entstehungszeitraum eine architektonische Meisterleistung ist, kann man hier einige sehr schöne Stunden verbringen. Im Volksmund wird das königliche Wildgehege übrigens Stromovka genannt. Östlich grenzt es an das Prager Ausstellungsgelände, welches heutzutage neben Ausstellungsräumen einige Unternehmungsmöglichkeiten für sportliche Aktivitäten bietet. So findet man hier beispielsweise ein Schwimmbad und Stadien für diverse Sportarten. Auch ein Kino und ein Theater sind hier vorzufinden. Mit dem Mix aus herrschaftlichen Bauwerken, Glas- und Eisenfassaden ist es ein schönes Sinnbild für die damalige Kunstepoche. Geht man etwas weiter, läuft man direkt auf ein Planetarium zu.

Zwischen Ausstellungsgelände und dem Letná Park trennt sich Dejvice von Holešovice. Das königliche Holešovice galt lange als Industrieviertel, hat sich über die Zeit allerdings zu einem sehr schönen Wohnviertel entwickelt. Die Fabrikgebäude wichen zunehmend in andere Viertel aus und läuft man heute durch die Straßen Holešovices, fallen einem vor allem die wunderschönen Fassaden im Stil der Neorenaissance und mit Einschlägen des Jugendstils auf.

Nördlich von Holešovice beginnt Troja. Seinen Namen verdankt dieser Teil dem Sternberger Schloss Troja, welches wunderschöne, barocke Verzierungen trägt. Angrenzend auf der einen Seite des Schlosses beginnt der Botanische Garten, auf der anderen Seite der Zoologische Garten. Sie merken schon, wenn Sie Lust auf einen wirklich ausgiebigen Spaziergang an einem sonnigen Tag haben, sind diese Viertel die richtige Wahl.

KARLÍN

Karlín galt ebenfalls lange Zeit als Industrieviertel, was sich in einigen Straßen auch heute noch erahnen lässt. 1875 nahm hier die erste Straßenbahn ihren Betrieb auf, damals noch unter der Zugkraft von Pferden. Kurze Zeit später brachte der Erfinder František Křižík die elektrische Straßenbahn auf den Weg. Durch diese Leistung hat er sich in Prag sowohl einen Straßennamen als auch eine eigene U-Bahn-Station verdient. Karlín ist stark von barocken Einflüssen geprägt, was einem bei genauer Begutachtung der Fassaden auffällt. In Karlín steht auch das Hudební divadlo v Karlíně, ein Musiktheater, welches heute als eine der größten Bühnen Prags gilt. Für sportbegeisterte mit einem etwas längeren Aufenthalt empfiehlt sich in Karlín ein Besuch in der Crossfit Box „MeatFactory". Gelegen in einem industriell geprägten Teil von Karlín geht man zuerst ins Untergeschoss eines Industriegebäudes mit mehreren Büros und Ateliers, wo man direkt von wummernden, tiefen Bässen empfangen wird. Die Box spielt in der Gestaltung mit einer Mischung aus Street-Art und Industriedesign und bietet neben erstklassigem Sportequipment und einer Vielzahl an Ringen, Squat Racks und Pull-Up-Bars ein eigenes Café an, in dem für alle zugänglich frischer Kaffee zubereitet wird. Das eigentliche Highlight der Box ist, abgesehen von den motivierenden und freundlichen Trainern, die Soundanlage. Da hier niemand im näheren Umfeld von der lauten Musik gestört werden kann, wird regelmäßig Drum N' Bass voll aufgedreht, was die Workouts um einiges leichter werden lässt. Einmal pro Woche veranstalten die Inhaber in der Regel ein DJ-geführtes Workout. Das bedeutet, dass ein DJ seine Turntables aufbaut, die Lichter runter gedimmt werden und der Bass voll aufgedreht wird, während die Kurse live zum Set des DJs stattfinden. Drop Ins kosten knapp 15 Euro und können relativ spontan angemeldet werden. Umkleiden und Duschen gibt es vor Ort. Sie brauchen also lediglich Ihre Sportkleidung einpacken und los geht es.

Prvního pluku 8a, 180 00, Praha 8

Bild von @crossfitmeatfactory via Instagram

VINOHRADY UND VRŠOVICE

Vinohrady gilt als ziemlich nobles Viertel, das seine Anfänge in der Wende vom 19. zum 20. Jahrhundert fand. Damals wurden in umfassenden Bauarbeiten Jugendstilhäuser errichtet. Das schloss auch öffentliche Plätze ein. Auf einem von ihnen findet sich heute die beeindruckende Herz-Jesu-Kirche, ein monumentaler Sakralbau mit einem 40 Meter hohen Turm. Allgemein beheimatet Vinohrady viele religiöse Bauwerke. Doch nicht nur in Vinohrady finden sich einige Kirchen. In Vršovice steht sogar eine Kirche mit eigenem Theatersaal. Das Hus Haus, oder auch Husův sbor, vereint sowohl Funktionalismus als auch Konstruktivismus und beeindruckt neben seiner sakralen Bauweise mit dem 300-Mann-fassenden Theatersaal, diversen Proberäumen und Garderoben. Im Vergleich zu Vinohrady erkennt man bei Vršovice den dörflichen Einschlag, was dem Viertel allerdings einen gewissen Charme verleiht.

AUF EINEN STREIFZUG DURCH DIE GRÜNE LUNGE VINOHRADYS

Wenn Sie sich in Vinohrady wiederfinden, ist es empfehlenswert einen Abstecher zu den Havlicek Gardens zu machen. Dieser Park besticht durch seine schöne Aufmachung mit Springbrunnen, seltenen Bäumen, Wasserkaskaden und einer liebevoll angelegten, künstlichen Höhle. Wer sich nach einem Kaffee sehnt, kann sich in den ehemaligen Spielpavillon setzen, welcher heute als Gartencafé hergerichtet wurde. Auch eine hölzerne Weinlaube, welche saisonal Wein aus den darunterliegenden Weingärten zur Verköstigung anbietet, wartet auf Besucher.

Havlíčkovy sady, 120 00 Praha 2

DIE HEILIGEN HALLEN DER VRŠOVICER SPORTFANS ZWISCHEN EDEN ARENA UND ĎOLÍČEK ERLEBEN

In Vršovice schlägt das Herz entweder für Slavia Praha oder die Bohemians Praha 1905 und so sagt man scherzhaft, dass sich der Stadtteil zwischen dem Stadion der Eden Arena von Slavia Praha und dem Stadion Ďolíček von Bohemians Praha 1905 erstreckt. In die Eden Arena passen um und bei stolze 21000 Zuschauer. Das Ďolíček Stadion hält es dagegen etwas intimer mit knapp 6300 freien Plätzen.

Eden Arena - U Slavie 1540/2a, 100 00, Praha 10

Stadion Ďolíček - Vršovická 1489/31, 101 00, Praha 10

Hotels für jede Preisklasse – hier schlafen Sie wie ein König

In Prag hat man die Qual der Wahl, wenn es um die Unterkunft geht. Verhältnismäßig sind selbst 5-Sterne-Hotels wesentlich günstiger als in Deutschland. Doch auch für diejenigen, die weniger Wert auf Luxus legen, gibt es gute Möglichkeiten, mit dem Maximum an Komfort für günstiges Geld zu übernachten. Wichtig bei der Wahl Ihres Schlafplatzes ist es, dass Sie sich im Vorfeld darüber klar sind, welche Eigenschaften er mitbringen sollte. Möchten Sie nur ein sauberes Bett oder soll auch ein Frühstück oder mehr am Folgetag inbegriffen sein? Viele Hotels sind auch mit Spas ausgestattet. Für andere wiederum ist der Bezirk entscheidend. Da Prag allerdings sehr gut mit den öffentlichen Verkehrsmitteln angebunden und auch fußläufig gut zu durchschreiten ist, sollten Sie diesen Aspekt vielleicht etwas weiter hintenanstellen, sofern Ihr Favorit nicht unbedingt 10 km vom Zentrum entfernt liegt. Im Folgenden finden Sie einige, nach Preisklassen sortierte, Empfehlungen.

GÜNSTIGE UNTERKÜNFTE

Ahoy! Hostel

Wer es sowohl günstig als auch gut gelegen mag, für den ist das Ahoy! Hostel eine gute Adresse. Gelegen in der Prager Altstadt erreichen Sie einige der wichtigsten Sehenswürdigkeiten innerhalb von 5 Minuten zu Fuß. Das gilt auch für das Nachtleben. Egal, ob Clubs, Pubs, Bars – alles in Ihrer Nachbarschaft. Das Hostel liegt in einem Gebäude aus dem 17. Jahrhundert, was einen besonderen Charme versprüht. Für einen interessanten Stilmix sorgen die Zimmer, welche von Street-Art-Künstlern verschönert wurden und so sowohl Romantik als auch Moderne vereinen. Das Personal ist immer hilfsbereit und flexibel, was die Ein- und

Auscheckzeiten angeht, was ein großer Pluspunkt ist. Ein privates Zimmer mit Doppelbett kostet gerade einmal 57 Euro pro Nacht. Wer zu zweit reist, zahlt also gerade einmal 28,50 Euro.

Na Perštýně 10, 110 00, Praha 1

Sir Toby's Hostel

Ebenfalls günstig und mit einigen schönen Extras ausgestattet ist das Sir Toby's Hostel. Gelegen im schönen Viertel Holešovice ist man hier umgeben von wunderschönen Wohnhäusern und grünen Parkanlagen. In den Zimmern kommt echtes Vintage-Feeling auf, da zur Einrichtung diverse Antiquitäten gehören. Wen es nicht lange auf seinem Zimmer hält, der kann sich im hauseigenen Pub ein kühles Blondes und eines der vegetarischen Gerichte bestellen. Mit ein bisschen Glück erwischen Sie einen der Abende mit Livemusik oder ein gemeinschaftliches Grillen. Wer sich ins Stadtzentrum aufmachen möchte, ist mit der Tram ein paar Straßen weiter innerhalb kürzester Zeit an seinem Ziel. Das Hostel besticht mit einem wirklich guten Preis-Leistungs-Verhältnis und einer ungezwungenen Atmosphäre. Wer möchte, hat hier Gelegenheit, die anderen Besucher bei einem der vielen gemeinschaftlichen Abende des Hostels kennenzulernen, wer lieber für sich ist und die Stadt zu Fuß erkunden möchte, ist in diesem Viertel sehr gut aufgehoben. Pro Nacht zahlt man für ein privates Doppelzimmer mit eigenem Bad 43 Euro. Pro Person liegt man also bei unschlagbaren 21,50 Euro.

Dělnická 24, 17000, Praha 7

Axa Hotel

Das Axa Hotel liegt ebenfalls zentral und gut angebunden in der Prager Altstadt. Im Vergleich zu anderen Hotels in der Altstadt setzt es in Sachen Einrichtung eher auf Moderne als auf Vintage und bietet neben inbegriffenem Frühstück einen Fitnessraum, einen Pool – zu dem man kostenfreien Zugang hat – sowie eine Sauna. Also eine gute Option für all diejenigen, die sich nach dem Sightseeing noch nicht genug ausgepowert haben und sich hinterher mit etwas Entspannung belohnen möchten. Auf Wunsch kann in dieses Hotel auch das Haustier mitgebracht werden. Für ein Standard-Doppelzimmer zahlt man hier saisonal bedingt gerade einmal 64 Euro, bzw. 32 Euro pro Person. Aufgrund seiner sehr niedrigen Preise und dem guten Preis-Leistungs-Verhältnis ist das Hotel recht früh ausgebucht. Kümmern Sie sich also rechtzeitig um ein Zimmer, wenn Sie gern im Axa Hotel absteigen möchten.

Na Poříčí 1051/40, 110 00, Praha 1

Aparthotel Lublanka

Dieses Hotel bietet mit seiner guten Lage im schönen Wohnviertel Vinohrady die perfekte Option für alle Besucher, die es präferieren, zwischen den Locals zu wohnen. Sämtliche Bars und Cafés in der Umgebung sind in der Regel weniger von Touristen besucht, sondern bieten echtes Prager Feeling zwischen Einheimischen. Für das Sightseeing muss man trotzdem nicht allzu weit laufen und wem 15 Minuten bis zur Karlsbrücke zu weit sind, für den gibt es die nahe gelegene U-Bahn. Die Zimmer sind verhältnismäßig groß und mit allem ausgestattet, was man bei einem Aufenthalt benötigt. Die Kosten belaufen sich um und bei – abhängig vom Reisemonat – auf circa 77 Euro, bzw. 38,50 Euro pro Person.

Lublaňská 646/59, 120 00 Vinohrady, Praha 2

NICHT ZU TEUER – NICHT ZU WENIG KOMFORT

Hotel Melantrich

Dieses 3-Sterne-Hotel bietet neben einer sehr zentralen Lage zwischen Wenzelsplatz und Altstädter Ring ein sehr üppiges inkludiertes Frühstücksbuffet und kostenfreies WLAN. Es liegt in einer historischen Straße mit wunderschönen Gebäuden und ist die perfekte Wahl für alle, die ihren Reisefokus auf die Prager Altstadt legen möchten. Die nächste U-Bahn-Station liegt 3 Gehminuten entfernt, was das Reisen innerhalb der Stadt zum Kinderspiel werden lässt. Wer zur Karlsbrücke spazieren möchte, braucht gerade einmal 10 Minuten. Die perfekte Zeit also, um auf dem Weg dahin einen Coffee to go zu trinken. Preislich liegt das Hotel Melantrich für ein Standard-Doppelzimmer ohne weitere Zusatzleistungen bei knapp 115 Euro, was einen Pro-Kopf-Preis von 75 Euro macht. Dafür sind Sie mitten im Geschehen, haben trotzdem Ihre Ruhe und können sich jeden Morgen am reichhaltigen Frühstücksbuffet bedienen.

Melantrichova 5, 110 00, Praha 1

Iron Gate Hotel

Auch das Iron Gate Hotel liegt mitten im Geschehen und gehört zu einem UNESCO-geschützten Gebäude. Das Hotel besitzt zudem einen Innenhof mit einem eigenen Café. Ideal also für kleine Snacks zwischendurch. Das Frühstück ist im Preis mit inbegriffen. Der Großteil der Sehenswürdigkeiten ist fußläufig erreichbar. Die Prager Burg liegt mit 2 Kilometern etwas weiter entfernt, lässt sich aber mit den nahegelegenen öffentlichen Verkehrsmitteln schnell und unkompliziert erreichen. Wer sich für den Zeitraum seines Besuchs nicht von seinem Haustier trennen möchte, kann es gegen einen kleinen Aufpreis mitbringen und mit ihm gemeinsam die Stadt erkunden. Die Zimmer sind stilvoll gehalten und weisen teilweise traditionelle Fresken und Deckenmalereien, sowie Whirlpool-Badewannen auf. Die Kosten belaufen sich für ein Standard-Doppelzimmer auf circa 110 Euro. Pro Person liegt man hier also auch gerade mal bei 55 Euro pro Person.

Michalská 19, 110 00, Praha 1

Residence Vocelova

Dieses Appartement im Wohnviertel Vinohrady verfügt über eine eigene Küchenzeile, sehr gute Matratzen, täglich frischen Kaffee und auf Wunsch ein Frühstück im 100 Meter entfernten Restaurant Paul. Die Studios sind sehr schön eingerichtet und geben einem das Gefühl, ein echter

Prager zu sein. Vinohrady mit seinen authentischen Bars und Cafés trägt sein Übriges dazu bei. Hier werden Sie sich nicht schon beim ersten Schritt aus der Tür in einer Traube aus Touristen wiederfinden und auch preislich ist die Residence Vocelova ein echtes Highlight. Je nach Reisemonat können Sie hier bereits für 65 Euro die Nacht einchecken. Sollten Sie zu zweit reisen, können Sie eine komplette Wohnung in einem der angesagtesten Wohnviertel Prags bereits für 32,50 Euro pro Person haben. Einige der Studios haben dabei sogar einen direkten Blick auf die Stadt und bieten durch Fenster in der Decke einen Blick in den Himmel. Besser geht es nicht.

Vocelova 6, 120 00, Praha 2

Domus Balthasar Design Hotel

Dieses schöne 4-Sterne-Hotel bietet den perfekten Einstieg für alle, die noch nie in der Stadt waren und sich gern mit einem möglichst günstigen Hotel den maximalen Komfort in der Nähe der wichtigsten Sehenswürdigkeiten der Stadt sichern wollen. Nur 50 Meter von der Karlsbrücke entfernt schlafen Sie quasi direkt am Puls der Stadt. Das hat den Vorteil, dass Sie immer mittendrin sind und für lange Abende in den Clubs der Stadt nur aus der Haustür fallen müssen. Wer gern einen ruhigeren Ausblick aus seinem Hotelfenster genießen möchte, sollte sich aber vielleicht eine andere Adresse aussuchen. Neben seiner sehr guten Lage bietet das Domus Balthasar im Preis ein inbegriffenes Frühstück an. Insbesondere der Kaffee des Hotels wird hierbei sehr gelobt. Die Zimmer sind sehr modern ausgestattet und bieten alles, was man bei einem Aufenthalt benötigen könnte. Die Preise liegen je nach Monat bei circa 80 Euro für ein Doppelzimmer, also 40 Euro pro Person für Paare.

Mostecká 5, 11800, Praha 1

U Zeleného hroznu

Dieses von außen eher unscheinbare 4-Sterne-Hotel, was übersetzt „Zur grünen Traube" genannt wird, liegt genau zwischen Prager Burg und Karlsbrücke und ist ebenso geschichtsträchtig wie seine Nachbarn. Historisch gesehen reicht das Gebäude zurück ins Jahr 1633, was sich auch in den Zimmern widerspiegelt. Die Zimmer sind allesamt im Renaissance-Stil gehalten und weisen gut erhaltene Wandmalereien auf. Wer möchte, kann sich Massageleistungen dazu buchen. Das Hotel ist sehr kinderfreundlich und hat nur gute Bewertungen, was zum Teil an der hochwertigen Ausstattung des Hotels liegt und zum anderen an den sehr moderaten Preisen. Zimmer gibt es nämlich bereits ab 89 Euro pro Nacht, beziehungsweise knapp 45 Euro pro Person.

Jánský vršek 324/11, 118 00, Praha 1

Hunger Wall Residence

Gelegen im bunten und aufregenden Viertel Smíchov bietet die Hunger Wall Residence eine Unterkunft inmitten des Prager Lebens. Von hier aus ist man in bester Lage, um in die Bar- und Clubszene des Viertels einzutauchen. Auch der Künstlerverband und Veranstaltungsort MeetFactory liegt in unmittelbarer Nähe. Abgesehen von seiner guten Lage bietet die 4-Sterne-Unterkunft gut ausgestattete Appartements mit eigener Küche, für all diejenigen, die sich gern selbst bekochen. 50 Meter von der Unterkunft entfernt fährt die Tram, welche Sie in ein paar Minuten ins Prager Zentrum bringt. Die Zimmerpreise liegen bei knapp 100 Euro, beziehungsweise 50 Euro pro Person.

Plaská 615/8, 150 00, Praha 5

EXKLUSIVE UNTERKÜNFTE FÜR EIN BISSCHEN EXTRAVAGANZ

Hotel Hoffmeister & Spa

Gelegen im wunderschönen Malá Strana bietet dieses 5-Sterne-Hotel alles, was man sich wünschen kann und mehr. Angefangen bei der exorbitant guten Küche. Hier kann man ganztägig ausgewählte Speisen von der Karte bestellen und sich je nach Jahreszeit für spezielle Menüs anmelden. Man hat die Möglichkeit, sich Frühstück oder Halbpension zu seinem Zimmer dazuzubuchen. Das Frühstück ist für alle, denen eine Halbpension zu teuer ist, allerdings ein Muss, denn das Buffet geht über das klassische Hotelfrühstück weit hinaus. Neben tschechischen Spezialitäten gibt es Pancakes, Porridge und Baked Beans, frisches Rührei und Spiegeleier. Auch stellt das Restaurant eine große Auswahl an Broten und Brötchen, Salaten, Fisch und Fleisch und frischgepressten Säften zur Verfügung. Die Zimmer sind in Kategorien nach der jeweiligen Ausstattung aufgeteilt.

Von Standard über Luxus ist alles dabei. Der Stil erinnert dabei an alte Königshäuser. Die Betten sind groß und gemütlich und die Badezimmer sind hauptsächlich mit einer Badewanne mit Whirlpool-Funktion ausgestattet. Wer darauf Wert legen sollte, sollte diesen Wunsch allerdings bei der Reservierung vermerken. Wem das immer noch nicht genug Wellness ist, der sollte dringend im renommierten Lily-Spa-Bereich vorbeischauen. Neben Massagebehandlungen kann man sich hier Ruhe und Entspannung in einer finnischen Sauna oder einem Stein-Bad aus dem 15. Jahrhundert gönnen.

Das Hotel bietet viele zusätzlich buchbare Leistungen an, wie beispielsweise Obst und Getränke-Service. Auf Wunsch wird den Besuchern das Bier hier sogar bis zum Stein-Bad gebracht. Alle Spa-Bereiche sind mit Reservierung privat buchbar. Das bedeutet, dass man sich hier auch mit mehreren Leuten oder nur zu zweit ein paar entspannende Stunden machen kann. Das Hotel gewährleistet absolute Privatsphäre und das zu einem wirklich mehr als fairen Preisangebot. Ein Zimmer gibt es hier schon ab 90 Euro pro Nacht. Bei einer Anreise zu zweit zahlt man also gerade einmal 45 Euro für eine Übernachtung. Des Weiteren bietet Malá Strana sowohl die Nähe zur Prager Burg, John-Lennon-Wall und Karlsbrücke, allerdings auch einen angenehmen Rückzugsort von der sehr vollen Prager Altstadt.

Neben vielen Cafés und Restaurants kann man sich hier zudem zwischen Locals ein Bier zum Abend in einer der vielen Bars genehmigen.

Pod Bruskou 144, 118 00 Praha 1

Hotel Leonardo

Auch dieses Hotel wurde mit 4-Sternen ausgezeichnet und befindet sich in Zentrumsnähe. Die Zimmer sind im Jugendstil gehalten und bieten, je nach Komfortklasse, sogar einen Blick auf die Prager Burg. Das Frühstück ist im Preis inbegriffen und zudem darf man sich als Gast über einen Shuttle- und Wäscheservice sowie einen Swimmingpool freuen. Die Zimmer bieten alle einen Blick über die Moldau, eine Badewanne und eine schöne Einrichtung im Jugendstil. Wer zwischendurch Hunger bekommt und sich nicht aus dem Hotel bewegen möchte, kann im dort ansässigen Restaurant dinieren und typisch tschechische Küche verköstigen. Die nächstgelegene U-Bahn-Station liegt 10 Minuten zu Fuß entfernt. Die Zimmerpreise belaufen sich für ein Standard-Doppelzimmer auf knapp 123 Euro, bzw. 61,50 Euro pro Person.

Karoliny Světlé 323/27, 110 00, Praha 1

Hotel Carlo IV

Darf es etwas mehr sein? Dann wird dieses Hotel Sie mit Sicherheit nicht enttäuschen. Gelegen in der Neustadt erwartet Sie dieses stilvolle Neurenaissance-Gebäude aus dem 19. Jahrhundert. Jedes Zimmer ist mit einem eigenen Marmorbad und teilweise mit Stadtblick ausgestattet. Frühstück muss für einen kleinen Aufpreis separat dazu gebucht werden. Für das leibliche Wohlergehen stehen jederzeit zwei gehobene, hoteleigene Restaurants und ein Café zur Verfügung. Für die Entspannung können sich die Gäste dem Pool, Dampfbad oder Fitnessraum widmen, welche maximale Entspannung bieten. Massagen und Behandlungen aller Art können ebenfalls gebucht werden. Die eigens für das Hotel ausgebildeten Therapeuten haben einen exzellenten Ruf und verwenden speziell für das Hotel hergestellte Öle und Pflegeprodukte. Wer lieber nur eine Runde schwimmen möchte, kann das in den 20 Meter langen

Bahnen des Hotelpools tun. Zimmer gibt es ab 210 Euro, bzw. 105 Euro pro Person.

Senovážné nám. 13/991, 110 00, Praha 1

Alcron Hotel Prague

Wer noch nie im Art-Déco-Stil gewohnt hat, hat im Alcron Hotel die Chance, das zu ändern. Ein weiteres Argument dafür wäre auch die direkte Nähe zum Wenzelsplatz, welcher nur 100 Meter entfernt liegt. Die Zimmer sind mit allem nötigen Komfort ausgestattet und besitzen eine Fußbodenheizung im Badezimmer. Das hoteleigene Fitnesscenter und die Sauna stehen den Gästen des Hotels kostenfrei zur Verfügung. Wer nach einem guten Abendessen sucht, muss das Hotel nicht verlassen. In zwei Restaurants haben Sie hier die Qual der Wahl. Das **Restaurant Alcron** wurde mehrere Jahre hintereinander mit einem Michelin-Stern ausgezeichnet. Hier sind Sie mit Fisch und Meeresfrüchten auf dem Teller besonders gut beraten. Wer kein Fan von Meeresbewohnern ist, kann im ebenfalls renommierten **La Rotonde** tschechische und internationale Küche genießen. Hier schwingt Chefkoch Roman Paulus den Kochlöffel. Wen es nach einem Cocktail dürstet, dem sei die Lobby-Bar BeBop ans Herz gelegt. Hier wird Ihnen morgens auf Wunsch auch ein kontinentales Frühstück gegen Aufpreis serviert. Die Zimmer kosten inklusive Frühstück im Schnitt 212 Euro, bzw. 106 Euro pro Person.

Štěpánská 623/40, 110 00, Praha 1

Remember Residence

Diese Unterkunft kann man unangefochten zum König unter allen Appartement-Hotels in Prag küren. Wer gern in Studios absteigt und sie den eher anonymen, klassischen Hotels vorzieht, der wird sich hier sehr wohlfühlen. Keine Unterkunft hat seine Gäste in der Vergangenheit so glücklich gemacht wie die Remember Residence. Die Unterkunft liegt im beliebten Wohnviertel Smíchov und verfügt über eine sehr wohnliche, moderne und top gepflegte Einrichtung. Neben einer voll ausgestatteten

Kapsel-Kaffeemaschine finden Sie hier kostenlose Kosmetikprodukte, eine Hängematte, einen Smart-TV und ein sehr bequemes Bett vor. Die Studios sind allesamt sehr hell und bieten teilweise freistehende Badewannen und Deckenfenster. Gegen einen kleinen Aufpreis wird Frühstück in einem nahegelegenen Café serviert. Generell sind sowohl Inhaber als auch Personal ehrlich bemüht, ihren Gästen jeden Wunsch zu erfüllen und das spürt man auch. Die Gegend ist ebenfalls sehr angenehm, da Smíchov kein Touristenmagnet im herkömmlichen Sinne ist. Zwar liegt die Moldau nur ein paar Minuten zu Fuß entfernt, doch braucht man mit den öffentlichen Verkehrsmitteln teilweise 20 Minuten von A nach B. Dafür lässt es sich in diesem Viertel wunderbar spazieren und die Stadt von einer viel intimeren Seite kennenlernen. Preislich liegt die Unterkunft etwas höher, allerdings kann man sich je nach Reisemonat trotzdem gute Angebote sichern. Ein Comfort-Appartement gibt es in den kälteren Monaten beispielsweise schon ab 66 Euro für zwei Personen.

Vodní 528/9, 150 00, Praha 5

AUßERGEWÖHNLICHE HOTELS FÜR DAS BESONDERE ERLEBNIS

Boat Hotel Matylda

Sie wären gern in Wassernähe und dicht am Zentrum der Stadt? Wie wäre es mit einem Zimmer direkt auf der Moldau? Das Boat Hotel Matylda bietet Ihnen genau das. Neben der idealen Lage zu allen Sehenswürdigkeiten bekommen Sie ein sehr gutes Frühstück ohne Aufpreis dazu. Das Boot liegt genau gegenüber zum tanzenden Haus und 5 Minuten zu Fuß von der Karlsbrücke entfernt. Trotz allem, was man glauben mag, sind die Wände nach außen sehr gut isoliert, sodass man hier selbst zu Silvester recht wenig vom wilden Zentrum mitbekommt. Und wer denkt, auf einem Boot fehle es an den Notwendigkeiten für einen schönen Aufenthalt, der täuscht sich. Kostenfreies WLAN ist vorhanden, ebenso wie großzügige Zimmer mit Flatscreen und teilweise privaten Balkonen. Wer hungrig oder durstig wird, muss auch nicht weit laufen. An Bord gibt es neben einer Bar auch ein sehr gutes italienisches Restaurant, welches neben sehr guten Weinen hervorragenden Fisch und Muscheln anbietet. Pro Nacht zahlt man für ein Standard-Doppelzimmer mit Flussblick 90 Euro, beziehungsweise 45 Euro pro Person.

Masarykovo nábřeží, 11000, Praha 1

Hotel Monastery

Wer nicht nur günstig, sondern auch ungewöhnlich übernachten möchte, dem sei das Hotel Monastery ans Herz gelegt. Ihr Zimmer finden Sie hier in einem 4-Sterne-Kloster, welches seinen Ursprung im Jahr 1140 findet. Trotz der langen Geschichte des Klosters sind die Zimmer sehr komfortabel und modern ausgestattet. Frühstück ist im Preis inbegriffen und kann entweder im Speiseraum oder auf der Terrasse des Klosters genossen werden. Hier sind Sie in direkter Nähe zur Prager Burg und können abseits vom Tumult des Zentrums entspannen und morgens herrliche Spaziergänge durch Malá Strana und das Burggelände unternehmen. Der Zimmerpreis für ein Standard-Doppelzimmer liegt bei knapp 40 Euro, beziehungsweise 20 Euro pro Person und für ein Deluxe-Doppelzimmer bei 42 Euro, beziehungsweise 21 Euro pro Person. Günstig und besonders.

Strahovské nádvoří 13, 118 00 Praha 1

Do's and Don'ts – so vermeiden Sie Touristenfallen

Wie in jeder Großstadt gibt es auch in Prag einige Dinge, mit denen Sie sich einigen Ärger während Ihres Aufenthaltes ersparen können.

Do's

GELD SPAREN BEIM GELDABHEBEN.

Wenn Sie möglichst effektiv Geld abheben wollen und sich den etwas müßigen Akt des Suchens nach dem besten Wechselkurs sparen wollen, lohnt es sich, eine Kreditkarte zu beantragen, mit der das Abheben im Ausland gebührenfrei ist. Davon werden einige angeboten. Alternativ kann bei den meisten Restaurants, Events, Hotels und Aktivitäten meistens auch mit Karte gezahlt werden.

EIN REISESHUTTLE FÜR DEN FLUGHAFEN BUCHEN.

Da die Prager Taxis bekannt dafür sind, Touristen über den Tisch zu ziehen, lohnt es sich für die Strecke vom Flughafen zum Hotel und wieder zurück ein Shuttle zu buchen. So zahlen Sie im Vorfeld einen fairen Preis und müssen sich vor Ort keine Gedanken um die weitere An- und Abreise machen. Besonders günstig ist der Shuttle-Service über *www.getyourguide.de.* Ein Fahrer holt Sie mit einem Sammelschild für die weiteren Gäste des Shuttles ab und fährt Sie direkt vor die Tür Ihres Hotels.

SPAZIEREN SIE ZUR MORGEN- ODER ABENDDÄMMERUNG DURCH DIE STADT.

Vor allem zum Sonnenaufgang lohnt sich ein Spaziergang über die Karlsbrücke oder durch einen der vielen Parks. Sie werden die Stadt nie ruhiger und schöner erleben als vor der üblichen Zeit für Touristen. Einen besonders schönen Blick über die Karlsbrücke hin zur Altstadt hat man von Malá Strana an der Wasserseite vor den Brückenzugängen. Hier füttern Einheimische und vereinzelte Reisende morgens die Enten und Schwäne. Die Tiere sind sehr zutraulich und bilden mit der strahlenden

Sonne über der Stadt ein sehr harmonisches Bild. Wenn Sie kein Frühaufsteher sind, bietet es sich an, einige der Sehenswürdigkeiten in der Abenddämmerung zu besuchen. Vor allem die astronomische Uhr, die Karlsbrücke und die John-Lennon-Wall sind zu dieser Zeit weitaus weniger bevölkert als tagsüber und die Prager Burg sieht zum Abend hin wegen ihrer massiven Beleuchtung um einiges beeindruckender aus und strahlt einen ganz anderen Zauber aus, wenn man fast als einziger Besucher auf dem imposanten Burggelände steht.

SOVIEL ESSEN UND TRINKEN GEHEN WIE MÖGLICH.

Die böhmische Küche ist, wie schon beschrieben, köstlich, wenn man nicht gerade in den touristischen Straßen der Prager Altstadt essen geht. Aber auch für andere Spezialisierungen als Klöße, Fleisch und Soße lohnt es sich, auch mehr als einmal am Tag essen zu gehen, da Prag für deutsche Verhältnisse eine sehr günstige Gastronomie hat und Sie sich zu jedem Essen weiter durch die Biere der Tschechei probieren können. Das lohnt sich sogar für alle, die sich sonst eher an Wein oder Cocktails halten. Hier versteht man was vom Bier brauen.

Don'ts

VERMEIDEN SIE ES, GELD AUF DER STRAẞE ZU WECHSELN.

Da in Prag die tschechische Krone als Währung gilt, werden Sie über kurz oder lang Geld abheben oder wechseln müssen. Zwar kann man in den meisten Fällen auch mit Euro bezahlen, bekommt dann aber Kronen als Wechselgeld wieder und zahlt oft obendrauf, wenn man nicht genau aufpasst und nachrechnet. Wechselstuben gibt es in Prag vor allem in den touristisch geprägten Gegenden sehr viele. Am sinnvollsten ist es allerdings, an einem Automaten etwas außerhalb der überlaufenen Orte Geld abzuheben, da diese meistens eine geringere Gebühr verlangen. Heben Sie idealerweise direkt einen größeren Betrag ab, mit dem Sie für ein paar Tage auskommen, um regelmäßige Transaktionsgebühren gering zu halten. In der Regel spucken die Automaten nur sehr große Scheine aus. Darauf spekulieren oft einige Kleinkriminelle, die wie durch Zufall in der Nähe der Automaten stehen und freundlich fragen, ob Sie Ihnen Geld etwas kleiner wechseln sollen. Am besten antworten Sie gar nicht erst darauf und gehen. Geld wechseln würden Sie Ihnen, allerdings nicht in tschechische Kronen, sondern in polnische Złoty, russische Rubel, ungarische Forint oder eine andere Währung. Dem Touristen fällt das auf den ersten Blick nicht auf und wenn es spätestens beim Versuch zu bezahlen dann doch klar wird, sind die Trickbetrüger schon längst über alle Berge.

LASSEN SIE IHRE WERTGEGENSTÄNDE NICHT AUS DEN AUGEN.

Auch wenn Prag im Allgemeinen eine sehr sichere Stadt ist, gibt es hier viele Kleinkriminelle, die ihr Geschäft speziell auf unaufmerksame

Touristen ausgelegt haben. Vor allem an Orten, an denen die Menschen dicht gedrängt stehen, boomt das Geschäft. Taschendiebe arbeiten hier zumeist in Gruppen, suchen sich lose hängende Taschen, halboffene Rucksäcke, Beutel und Co. Besonders häufig vertreten sind sie auf touristisch gefüllten Plätzen wie der Karlsbrücke, dem Wenzelsplatz, der Metro und ähnlichem.

DEN ZEBRASTREIFEN ALS SICHERHEIT SEHEN.

Anders als in Deutschland nehmen die Autofahrer es mit dem Zebrastreifen nicht ganz so genau. Die tschechische Straßenbahn muss beim Zebrastreifen nicht auf Fußgänger achten, da sie sogar Vorfahrt hat. Vor dem Überqueren der Straße sollten Sie deswegen dringend zweimal kontrollieren, ob Sie die Straße ohne Risiko passieren können.

Vorbeugen können Sie Diebstählen, indem Sie Ihre Wertgegenstände eng am Körper tragen. Gut eignen sich Bauchtaschen, die Sie unter einer Jacke tragen. Eine komplette Sicherheit haben Sie allerdings nur, wenn Sie Ihre Wertsachen komplett in Ihrer Unterkunft lassen.

STEIGEN SIE NICHT IN PRAGER TAXIS.

Es sei denn, es lässt sich nicht vermeiden. Allerdings lässt sich in Prag alles gut zu Fuß ablaufen. Sie sollten also nur selten in die Situation kommen, für eine längere Distanz ein Taxi zu benötigen. Touristen bezahlen für Taxis immer mehr als üblich. Zudem gibt es auch viele Fake-Taxis. Eine gängige Masche von Abzocker-Taxen ist es, vor der Fahrt einen viel zu hohen Preis festzulegen.

BUCHEN SIE AKTIVITÄTEN UND TAGESTRIPS (AUßERHALB DER STADT) NICHT ÜBER GUIDES IN PRAG.

Es gibt innerhalb von einer Stunde mit dem Zug unfassbar viele schöne Orte außerhalb der Stadt, die einen Besuch mehr als rechtfertigen. Allerdings kostet eine Zugfahrt dorthin nie mehr als 10 Euro und auch Aktivitäten vor Ort sind nicht sehr kostenintensiv. Bucht man diese Trips allerdings über die Guides in Prag, kosten sie gut und gern 150 Euro pro Person. Das Geld kann man gut sparen, wenn man sich einfach selbst um Anreise und Unternehmungen kümmert. Das Gleiche gilt übrigens auch für geführte Touren. Um vieles kann man sich bereits von Deutschland aus kümmern. So bietet beispielsweise **getyourguide** eine große Auswahl an Aktivitäten, welche bereits mehrfach von Besuchern bewertet wurden und vorab mit einem Festpreis zu erwerben sind. Buchen Sie die gleiche Tour in Prag, kann es gut und gern sein, dass Sie auch hier einen üppigen Touristenaufschlag zahlen müssen.

Tschechisch für die Hosentasche – ein paar kleine Benimmregeln für Urlauber

Touristen haben in den meisten Ländern der Welt einen eher bescheidenen Ruf. Ausnahmen bestätigen die Regel, aber immer wieder gibt es Menschen, die sich – entgegen dem Fakt, dass sie nur zu Gast sind – benehmen, als wäre der Urlaubsort nur für sie allein da. Um dem entgegenzuwirken, gibt es einige kleine Kniffe, mit denen Sie nicht nur zum Vorzeigeurlauber werden, sondern auch das eine oder andere freundliche Gespräch mit den Locals vor Ort führen können. Einer der häufigen Fehler oder Unschicklichkeiten der Touristen in Prag ist es, davon auszugehen, dass jeder Tscheche deutsch spricht. Klar, bei einigen ist das sogar der Fall, aber da man sich bewusst nicht in Deutschland aufhält, ist es unhöflich, in der eigenen Muttersprache auf die Leute einzureden. Viel angenehmer ist es, wenn Sie sich vor Ihrer Abreise ein kleines Grundvokabular aneignen, mit dem Sie zumindest die notwendigen Dinge auf Tschechisch kommunizieren können. Die Locals werden anhand Ihrer Aussprache sicher merken, dass Sie kein Einheimischer sind und Ihnen auf Englisch bei Ihrem Anliegen aushelfen.

Ein weiterer Fauxpas, der leider sehr vielen Touristen auf aller Welt widerfährt und der dafür sorgt, dass die meisten Locals bestimmte Plätze nur noch betreten, wenn die Sonne nicht mehr scheint, ist es, an Ort und Stelle, wenn Sie etwas Schönes/Außergewöhnliches bemerken, einfach stehenzubleiben. Natürlich soll jeder Reisende seine Fotos bekommen und Selfies machen dürfen, aber um Ihren Mitmenschen ein paar graue Haare zu ersparen, wäre es schön, wenn Sie dafür nicht unbedingt **zur Rush Hour mitten auf der Straße stehen bleiben** und den

Weg für andere so gänzlich unpassierbar machen. Schauen Sie vorher einmal neben und hinter sich, um sicherzugehen, dass Sie niemanden behindern oder warten Sie kurz ab, bis der Weg frei ist. Sollten Sie in einer Blase anderer Touristen stehen, die Ihnen die Sicht versperren, hilft es eventuell, sich kurz an die Seite zu stellen und zu warten oder einfach wie empfohlen in den Morgen- oder Abendstunden wiederzukommen und dann Ihre Bilder zu machen. Da ist Prag nämlich wie von Zauberhand fast komplett leergefegt.

Hier ist eine Auswahl an nützlichen Ausdrücken, die Sie in der Regel häufiger brauchen:

Deutsch	*Tschechisch*
Guten Tag!	Dobrý den
Hallo/Tschüss	Ahoj
Danke	Děkuji
Wie geht es Ihnen?	Jak se máte?
Auf Wiedersehen!	Na shledanou
Entschuldigen Sie	Promiňte
Ich verstehe nicht.	Nerozumím
Sprechen Sie Englisch?	Mluvíte anglicky?
Ich spreche kein Tschechisch.	Nemluvím česky.
Ich nehme ein Bier.	Dám si pivo
Prost!	Na zdraví
Zahlen, bitte!	Zaplatíme!
Ich bin aus Deutschland.	Jsem z Německa.
Platz	Náměstí
Straße	Ulice
Ja	Ano
Nein	Ne

Bitte sehen Sie zudem davon ab, länger als 2 Minuten Selfies vor den Sehenswürdigkeiten zu machen. Es sieht nicht nur unglaublich seltsam aus, wenn Menschen 10 Minuten lang Duck Faces neben einem so beeindruckenden Bauwerk wie dem Veitsdom machen und zudem entgehen Ihnen so die Details der Sehenswürdigkeiten. Gerade bei gotischen und barocken Bauten lohnt es sich, genauer hinzusehen. Vielleicht fällt Ihnen irgendwo eine versteckte Tür oder ein historisches Gemälde auf?

Ein letzter Punkt, der immer wieder auffällt, ist, dass viele Deutsche in tschechischen Restaurants nach Schnitzel und Bratwürsten fragen. Zugegeben, die böhmische Küche ist sehr Fleisch-lastig und deswegen nicht so weit von der deutschen Küche entfernt, aber es lohnt sich wahnsinnig, in Tschechien ein paar der klassisch böhmischen Gerichte zu probieren und **nicht auf die eigene Landesküche zu bestehen.**

Natürlich fallen nicht alle Touristen negativ auf. Es gibt auch jene, die man augenscheinlich gar nicht von den Locals unterscheiden kann und sich fast wundert, wenn sie plötzlich in perfektem Deutsch miteinander reden. Leider bilden diese Urlauber allerdings nicht die Mehrheit. Deswegen ist es hilfreich, seine eigene Außenwirkung im Ausland hin und wieder zu hinterfragen, damit die Locals nicht mit den Augen rollen, wenn man sein Heimatland nennt, sondern weiterhin gern bereit sind, ihr Land auch weiterhin von der schönsten Seite zu zeigen.

Abschließend sei gesagt – warum Sie sich auf Herzschmerz vorbereiten sollten

Seien wir ehrlich: Die meisten besuchen Prag in erster Linie wegen der günstigen Preise und der Nähe zu Deutschland. Doch einmal dagewesen, merkt man schnell, dass das Leben hier eine Spur gelassener vonstattengeht und der Fokus auf den wichtigen Dingen des Lebens liegt. Wer in Prag lebt, trägt sein Herz auf der Zunge, hat keine Angst, seine Meinung zu vertreten, ist gern in Gesellschaft und erfreut sich an gutem Essen und einem schmackhaften Bier. Letzteres findet unter den Einheimischen vielleicht sogar ein bisschen zu viel Anklang, aber wer kann es ihnen bei den hohen Brauereikünsten, welche weit ins Mittelalter zurückreichen, verübeln? Durch die Straßen Prags zu wandern gibt einem schnell das Gefühl, sich in einer anderen Epoche zu befinden, wären da nicht die störenden Touristen, welche zu den Stoßzeiten die schönsten Gegenden der Stadt verstopfen.

Allerdings sind es auch die Touristen, welche der Stadt so viel Geld einbringen, dass die schöne Architektur durch aufwendige Renovierungsarbeiten erhalten bleiben kann. Es ist also ein Geben und Nehmen. Was Prag so besonders macht, ist seine Vielfalt. An und für sich ist die Stadt nicht besonders groß, besonders wenn man sich nur auf die Hauptknotenpunkte fokussiert. Einen Großteil der Stadt könnte man mit etwas Zeit bequem zu Fuß ablaufen und kann dabei regelrecht den Lauf der Geschichte an sich vorbeiziehen sehen. Prag ist sowohl modern als auch unfassbar altmodisch und märchenhaft. Neben den wunderschönen Grünflächen, welche sich durch die ganze Stadt ziehen, bildet die Moldau den roten Faden mit ihrem 30 km langen Lauf durch die Stadt. Sie trägt einen wesentlichen Teil zur romantischen Ausstrahlung Prags bei und lässt beim Anblick des funkelnden Wassers bei Sonnenauf- und -untergang selbst den härtesten Kerl etwas besinnlich werden. Von den Schwänen auf dem Wasser wollen wir jetzt gar nicht erst anfangen. Auf der einen Seite herrschaftlich und romantisch, auf der anderen Seite eine niemals müde werdende Feierbestie. Prag ist beides. Den Einheimischen, dem sie in den Morgenstunden schwelgend allein auf einer Parkbank im Letna-Park begegnen, treffen Sie am Abend eventuell gut angetrunken mit zwei fremden Frauen im Arm und einem breiten Grinsen im Gesicht wieder. Hier steht im Mittelpunkt, was das Leben lebenswert macht, und an dieser Einstellung findet man mit der Zeit schnell Gefallen. Ein weiterer Faktor, der das Lebensgefühl der Stadt gut beschreibt, ist ihr breit aufgestelltes Kulturprogramm. Das meint nicht, dass Sie sich hier nur besonders viele Konzerte und Theateraufführungen ansehen können, sondern, dass die Stadt für die Hobbies und Leidenschaften ihrer Bewohner eine breite Fläche zum Ausprobieren anbietet. Ob Clubs, Galerien oder Proberäume, wer möchte, kann sein Können testen und fördern und viele Gleichgesinnte kennenlernen. Nach Prag kommt man vielleicht mit der Absicht, einfach nur günstig viel Bier zu trinken, aber man geht mit dem Drang, das nächste Mal noch viel mehr von der Stadt zu sehen, noch mehr von der Kultur zu erleben und noch näher am Puls des Geschehens zu sein und mit allem, was dazu gehört, dem Genuss zu frönen.

Bild von Rodrigo Ardilha via Unsplash

Quellenverzeichnis

Beitrag “Prager Burg“:
Die Prager Burg, https://prag.sehenswuerdigkeiten-online.de/sehenswuerdigkeiten/prager_burg.html, 22.03.2020.
“Prager Burg“, https://www.prague.fm/de/3777/prager_burg/, 22.03.2020.
Beitrag “Karlsbrücke“: Die Statuen der Prager Karlsbrücke, https://www.kafka-prag.de/prag/die-stadtviertel/prager-altstadt/prager-karlsbruecke/die-statuen-der-prager-karlsbruecke.html, 22.03.2020.
Beitrag “Prager Weihnachtsmärkte“: Weihnachtsmärkte und Adventsmärkte 2020, https://www.czech-tourist.de/weihnachtsmarkt.htm, 22.03.2020.
Beitrag “John-Lennon-Wall“: John Lennon Mauer in Prag: Sehenswürdigkeit, Geschichte, Bilder, Infos & Gefahren, https://prag.de/john-lennon-mauer-in-prag-sehenswuerdigkeit-geschichte-bilder-infos-gefahren/, 23.03.2020.
Beitrag “Nationaltheater“: Nationaltheater, https://www.prague.eu/de/objekt/orte/202/nationaltheater-narodni-divadlo?back=1, 23.03.2020.
Beitrag “Karlsbad“: Karlovy Vary stellt sich vor, Karlsbad als Kulturstadt, Bäderwesen und Quellen, http://www.karlovy-vary.cz/de/uber-karlovy-vary/karlovy-vary-stellt-sich-vor, 23.03.2020.
Beitrag “Pilsen“: Sechs Dinge, die Sie noch nicht über Pilsen wussten, https://www.radio.cz/de/rubrik/geschichte/sechs-dinge-die-sie-noch-nicht-ueber-pilsen-wussten, 23.03.2020, BEST BEER IN the CZECH REPUBLIC? IN PLZEŇ (Honest Guide), https://www.youtube.com/watch?v=2JjPG9Zs4AQ, 23.03.2020.
Beitrag “Karlstein“: Burg Karlstein, http://www.cztip.eu/burg-karlstein-karlstejn/, 25.03.2020, Burg Karlstein, https://www.czechtourism.com/de/c/karlstejn-castle/, 25.03.2020, Karlštejn, https://www.prague.fm/de/7905/karlstejn-karlstein/, 25.03.2020.
Beitrag “Pardubitz“: Pardubitz, http://www.cztip.eu/pardubitz-pardubice/, 25.03.2020.
Beitrag “Nationalpark Böhmische Schweiz“: Böhmische Schweiz, https://www.czechtourism.com/de/c/bohemian-switzerland-national-park/, 26.03.2020, Böhmische Schweiz,

https://www.ceskesvycarsko.cz/de/bohmishe-schweiz, 26.03.2020.
Beitrag "Trdelník": Lecker Trdelník: die „neue Tradition" auf Prags Weihnachtsmärkten, https://reisefeder.de/2015/12/lecker-trdelniks-die-neue-alte-tradition-auf-prager-weihnachtsmaerkten/, 18.03.2020, Der Hype um den Baumstriezel aus Prag, https://www.reisewort.de/trdelnik-der-hype-um-den-baumstriezel-in-prag.html, 18.03.2020.
Beitrag "Kolkovna": Kolkovna Restaurants, https://www.kolkovna.cz/, 17.03.2020.
Beitrag "Kantýna": Kantýna Menu, https://www.kantyna.ambi.cz/en/kantyna/menu/, 17.03.2020.
Beitrag "U Kroka": Restaurant U Kroka, https://www.prague.eu/de/objekt/essen/2633/restaurant-u-kroka, 17.03.2020.
Beitrag "Mincovna": Mincovna, https://www.itinari.com/de/location/mincovna, 17.03.2020.
Beitrag "Pod Vezi": Restaurant, https://www.podvezi.com/de/restaurant, 17.03.2020.
Beitrag "Svatá Klára": Sechs-Gänge-Menü im Restaurant St. Klara, https://prague.ticketbar.eu/de/prag-bei-nacht/six-course-meal-at-saint-clara-restaurant-/, 10.04.2020.
Beitrag "Dish fine Burger Bistro": Dish fine Burger Bistro, https://www.prague.eu/de/objekt/essen/1803/dish-fine-burger-bistro, 27.03.2020.
Beitrag "Brasileiro": Ambiente Brasileiro, https://www.prague.eu/de/objekt/essen/1108/ambiente-brasilciro slovansky-dum, 27.03.2020.
Beitrag "The Pind": Commitment to quality, http://pind.cz/, 27.03.2020.
Beitrag "Kampa Park Restaurant": About, http://kampapark.com/en/about/, 27.03.2020.
Beitrag "IF Café": Something for your sweet tooth, https://www.culinaryprague.com/if-cafe-something-for-your-sweet-tooth/, 27.03.2020.
Beitrag "Café Jedna": About our Café, https://cafejedna.cz/en/, 27.03.2020.
Beitrag "Grand Café Orient": Grand Café Orient, https://www.prague.eu/de/objekt/essen/982/grand-cafe-orient, History, https://grandcafeorient.cz/en/history/, 27.03.2020.
Beitrag "Kavárna co hledá jméno": Kavárna co hledá jméno, https://www.prague.eu/de/objekt/essen/2749/kavarna-co-hleda-jmeno?back=1, 27.03.2020.
Beitrag "Venue": Welcome to Venue, https://www.venuepraha.com/cs/,

22.03.2020.
Beitrag "Coffee & Waffles": About us, Menu, https://coffeeandwaffles.cz/, 02.04.2020.
Beitrag "Paprika": Our Story, Menu, https://www.my-paprika.com/english, 02.04.2020.
Beitrag "**Al Capone's Bar**": Al Capone's Cocktail Bar, https://www.prague-stay.com/lifestyle/review/500-al-capones-cocktail-bar, 02.04.2020.
Beitrag "Bed Lounge": Bed Lounge, https://www.prague.eu/de/objekt/essen/1537/bed-lounge, 03.04.2020.
Beitrag "Hany Bany": Hany Bany, http://pragueoffthemap.com/drinks/hany-bany-2.html, 043.04.2020.
Beitrag "**Tretter's New York Bar**": Tretter's New York Bar, https://www.prague.eu/de/objekt/essen/1519/tretter-s-new-york-bar, 03.04.2020, Tretter's Story since 1928, http://www.tretters-bar.cz/index-en.html, 03.04.2020.
Beitrag "Vzorkovna": Vzorkovna, http://pragueoffthemap.com/drinks/vzorkovna.html, 03.04.2020, Time Out Says, https://www.timeout.com/prague/bars-and-pubs/klub-vzorkovna, 03.04.2020.
Beitrag "Chapeau Rouge": Chapeau Rouge, Prag 1, https://www.prag-aktuell.cz/tipp/chapeau-rouge-prag-4546, 03.04.2020.
Beitrag "Cross Club": Cross Club, https://www.prague.eu/de/objekt/orte/157/cross-club?back=1, 01.04.2020, Cross Club Prag, https://www.prag-aktuell.cz/info/cross-club-prag, 01.04.2020, Cross, http://bestclubsinprague.com/language/de/cross-2/, 01.04.2020.
Beitrag "Duplex": Duplex, http://bestclubsinprague.com/language/de/duplex-2/, 01.04.2020, Restaurant Duplex, https://www.prague.eu/de/objekt/essen/1891/restaurant-duplex, 01.04.2020.
Beitrag "U Malého Glena Jazz Club": Jazz & Blues Club, http://malyglen.cz/en, 01.04.2020,
U Malého Glena, https://www.prague.eu/de/objekt/orte/193/u-maleho-glena, 01.04.2020.
Beitrag "Palac Akropolis": Konzertsaal, Klub & Kellerbar, https://www.prag-aktuell.cz/info/palac-akropolis-prag, 01.04.2020.
Beitrag "Klášterní pivovar Strahov": Über uns, http://www.klasterni-pivovar.cz/index.php?process=00000000-0105-2b58-11b1-

9bf77b8e3731&languageID=00000000-0105-2b58-11e9-47ec9c8e7e33, 01.04.2020.
Beitrag "Novoměstský pivovar": Novoměstský pivovar, https://www.prague.eu/de/objekt/essen/588/novomestsky-pivovar, 02.04.2020, Novomestsky Pivovar Restaurant & Brewery, https://www.pragueexperience.com/places.asp?PlaceID=351 02.04.2020.
Beitrag "Staropramen Brauerei": Brauerei Staropramen, https://www.prague.eu/de/objekt/essen/260/brauerei-staropramen-pivovary-staropramen, 03.04.2020, Staropramen Brauereitour mit Bierprobe und Abholung, https://www.getyourguide.de/prag-l10/prag-staropramen-brauereitour-bierkostprobe-und-essen-t56396/, 03.04.2020.
Beitrag "Wellness im Bier- oder Weinbad": Bierbad, Weinbad, https://www.pivnispa.cz/de/, 10.04.2020.
Beitrag "Freestyle Kolbenka": Freestyle Kolbenka, https://www.praguestay.com/lifestyle/review/52-prague-for-children/144-indoor-activities-and-venues-for-children-in-prague/2144-freestyle-kolbenka, 05.04.2020.
Beitrag "Kart Centrum": Indoor Arena Prague – Radotín, http://www.kart-centrum.cz/default.aspx?cat=CN008, 05.04.2020.
Beitrag "Bio Oko Kino": Bio Oko, https://www.prague.eu/de/objekt/orte/301/bio-oko, 05.04.2020.
Beitrag "Prager Zoo": Ein Guide für deinen Besuch im Prager Zoo, https://yummytravel.de/zoo-prag/, 05.04.2020.
Beitrag "Petrin-Hügel mit Spiegellabyrinth": Petrin-Hügel(Laurenziberg), https://www.prague.fm/de/7890/petrin-hugel/, 05.04.2020, Petrin Prag, https://prag-infos.de/petrin_prag/, 05.04.2020.
Beitrag "Auqapalace": Wasserwelt, https://www.aquapalacehotel.cz/de/wasserwelt, 05.04.2020.
Beitrag "Haus des Meeres": Meereswelt oder Haus des Meeres, https://www.prague.eu/de/objekt/orte/1652/meereswelt-oder-haus-des-meeres-morsky-svet, 05.04.2020, Die Welt des Meeres, https://www.czechtourism.com/de/c/prague-holesovice-aquarium/, 05.04.2020.
Beitrag "Miniaturmuseum": Miniaturmuseum, https://de.thepvaaartplace.net/2396-museum-of-miniatures-czech-republic-prague.html, 05.04.2020.
Beitrag "Spielzeugmuseum": Museum Prag,

http://www.ivansteiger.de/deutsch/index.html, 24.03.2020.

Beitrag "Schokoladenmuseum": Prag: Eintritt ins Schokoladenmuseum, https://www.getyourguide.de/prag-l10/prag-eintritt-in-das-chocotopia-schokoladenmuseum-t198853/, 05.04.2020, Chocolate museum by Choco-Story, https://www.chocotopia.cz/chocolate-museum, 05.04.2020.

Beitrag "Marionettentheater": Nationaltheater der Marionetten, https://www.prague.eu/de/objekt/orte/194/nationaltheater-der-marionetten-narodni-divadlo-marionet?back=1, 05.04.2020.

Beitrag "Cukrkavalimonada": About, http://cukrkavalimonada.com/, 07.04.2020.

Beitrag "Lobkowitz-Palast": Konzert mam Mittag, https://prag-infos.de/palais-_lobkowitz_konzert/, 07.04.2020.

Beitrag "Next Door by Imperial": Next Door by Imperial, https://www.prague.eu/de/objekt/essen/2731/next-door-by-imperial, 07.04.2020, Modern Czech Bistro, https://next-door.cz/en/homepage-en/, 07.04.2020.

Beitrag "Bluelight": Nápojový lístek, http://bluelightbar.cz/#galerie, 07.04.2020.

Beitrag "Altstadt und jüdisches Viertel": Altstadt, https://www.czechtourism.com/de/c/prague-old-town/, 07.04.2020, Prager Ghetto, https://www.prague.fm/de/3795/das-alte-judische-viertel-josefov/, 09.04.2020.

Beitrag "**Hradschin/Hradčany**": **Hradschin/Hradčany,** https://www.czechtourism.com/de/c/prague-hradcany/, 07.04.2020, Das Stadtviertel Hraschin, https://www.kafka-prag.de/prag/die-stadtviertel/der-hradschin/ueber-das-stadtviertel-hradschin-hradcany.html, 07.04.2020.

Beitrag "**Dejvice, Holešovice, Bubeneč und Troja**": Dejvice und Buben**eč, https://www.prague.fm/de/86746/dejvice-und-bubenec/, 06.04.2020, Dejvice, Holešovice, Letna und Troja, http://www.visitpraha.cz/de/prag-dejvice-letna-holesovice-und-troja/45/, 07.04.2020.**

Beitrag "Karlín": „Das andere" Karlín, https://www.prague.eu/de/artikel/das-andere-karlin...-11725, 06.04.2020, Nach der Flut in Prag: Wie aus Karlín ein Trendviertel wird, https://www.sueddeutsche.de/leben/tourismus-nach-der-flut-in-prag-wie-aus-karlin-ein-trendviertel-wird-dpa.urn-newsml-dpa-com-20090101-170810-99-588999, 06.04.2020.

Beitrag "Crossfit Meatfactory": About, https://www.crossfitmeatfactory.com/,

02.04.2020.
Beitrag "**Vinohrady und Vršovice**": Von Vinohrady nach Vršovice oder Zu den Kirchen der Prager Moderne, https://www.prague.eu/de/artikel/von-vinohrady-nach-vrsovice-oder-zu-den-kirchen-der-prager-moderne-15259, 03.04.2020.
Beitrag "*Havlicek Gardens*": Key details, https://www.avantgarde-prague.com/what-to-see/havlicek-gardens/detail, 07.04.2020.
Beitrag "Eden Arena": Eden Arena Prag, https://www.prag-aktuell.cz/info/eden-arena-prag, 08.04.2020.
Beitrag "Ďolíček": Ďolíček Fußballstadion, https://www.prague.eu/de/objekt/orte/1625/dolicek-fuballstadion, 08.04.2020.
Beitrag "Ahoy! Hostel": Beschreibung, https://www.german.hostelworld.com/hosteldetails.php/Ahoy-Hostel/Prag/77913, 04.04.2020.
Beitrag "Sir Toby's Hostel": Our Story, https://www.sirtobys.com/about-us/our-story/, 04.04.2020.
Beitrag "Axa Hotel": Axa Hotel 3*, https://axa-hotel.prague-hotels.org/de/, 04.04.2020.
Beitrag "Aparthotel Lublanka": Die beste Auswahl in Prag, https://www.booking.com/hotel/cz/aparthotel.de.html?aid=1681598;label=gog235jc-1DCAsoOkIKYXBhcnRob3RlbEgJWANoO4gBAZgBCbgBF8gBD9gBA-gBAfgB-BIgCAagCA7gCur3T9AXAAgE;sid=19f1c99b41f8529d688af9a7a3e52617;dist=0&keep_landing=1&sb_price_type=total&type=total&, 04.04.2020.
Beitrag "Hotel Melantrich": Hotel, https://www.hotelmelantrich.cz/de/, 04.04.2020.
Beitrag "Iron Gate Hotel": About us, https://www.irongatehotel.com/, 04.04.2020.
Beitrag "Remember Residence": Remember Residence, https://www.booking.com/hotel/cz/remember-residence.de.html?aid=1322172;sid=19f1c99b41f8529d688af9a7a3e52617;all_sr_blocks=177817608_198646717_2_0_0;checkin=2020-11-16;checkout=2020-11-17;dest_id=-553173;dest_type=city;dist=0;group_adults=2;group_children=0;hapos=1;highlighted_blocks=177817608_198646717_2_0_0;hpos=1;no_rooms=1;room1=A%2CA;sb_price_type=total;sr_order=popularity;sr_pri_blocks=177817608_198646717_2_0_0__6570;srepoch=1586889307

;srpvid=fbe782ad4670003c;type=total;ucfs=1&#hotelTmpl, 10.04.2020.
Beitrag "**U Zeleného hroznu**": HistoricHotel at the Green Grape, http://www.uzelenehohroznu.cz/en/home/, 04.04.2020.
Beitrag "Hunger Wall Residence": Where Art Noveau meets modern Design, https://www.hungerwall-residence.com/, 04.04.2020.
Beitrag "Hotel Hoffmeister & Spa": Über das Hotel, Wellness & Spa, https://www.hoffmeister.cz/de, 23.03.2020.
Beitrag "Hotel Leonardo": Hotel Leonardo, https://leonardo.prague-hotels.org/de/, 04.04.2020.
Beitrag "Hotel Carlo IV": Eine gelungene Verbindung aus Geschichte und Moderne, https://www.marriott.de/hotels/travel/prgak-carlo-iv-the-dedica-anthology-autograph-collection/, 04.04.2020.
Beitrag "Alcron Hotel Prague": Alcron Hotel Prag, https://www.booking.com/hotel/cz/alcron.de.html, 04.04.2020.
Beitrag "Boat Hotel Matylda": Location, http://www.botelmatylda.cz/, 10.04.2020.
Beitrag "Hotel Monastery": The history of the hotel, https://www.hotelmonastery.cz/, 10.04.2020.

Möchten Sie mehr über uns und unsere weiteren Bestseller-Reiseführer erfahren? Dann besuchen Sie uns gerne auf unserer Autorenseite unter **„Travel World“** bei Amazon.

„Wir freuen uns auf Ihren Besuch“

Impressum

Vertreten durch: Travel World
Kontakt: Malik & Mähleke GmbH / Stresemannstraße 84 / 22769 Hamburg
Coverfoto: Shutterstock

MALIK & MÄHLEKE

Printed by Amazon Italia Logistica S.r.l.
Torrazza Piemonte (TO), Italy

26209569R00062